Die Kunst der Erneuerung

Dr. Bernhard von Mutius, Leiter der Managementberatung Mutius System Kommunikation und Vorsitzender des Bergweg-Forum Denken der Zukunft e.V., berät namhafte Unternehmen auf den Gebieten Unternehmensentwicklung und Unternehmenskommunikation, Corporate Identity und Führungskultur.

Bernhard von Mutius

# Die Kunst der Erneuerung

## Was die Erfolgreichen anders machen: 12 Gebote des Gelingens

Campus Verlag
Frankfurt/New York

Die Deutsche Bibliothek – CIP-Einheitsaufnahme

*Mutius, Bernhard* von:
Die Kunst der Erneuerung: was die Erfolgreichen anders machen: 12 Gebote des Gelingens / Bernhard von Mutius. – Frankfurt/Main; New York: Campus Verlag, 1995
ISBN 3-593-35267-2


Umschlaggestaltung: Atelier Warminski, Büdingen
Satz: Fotosatzstudio »Die Letter«, Hausen/Wied
Druck und Bindung: Druckhaus Beltz, Hemsbach
Gedruckt auf säurefreiem und chlorfrei gebleichtem Papier.
Printed in Germany

»Kunst kommt nicht von Können,
sondern von Müssen.«

*Arnold Schönberg*

# *Inhalt*

# Zum Entstehungsprozeß dieser Arbeit

»Die kausale Erklärung ist gewöhnlich positiv. Wir sagen, daß sich Billardkugel B in der und der Richtung bewegte, weil sie von Billardkugel A in dem und dem Winkel angestoßen wurde. Im Gegensatz hierzu ist die kybernetische Erklärung immer negativ. Wir erwägen, welche alternativen Möglichkeiten denkbar gewesen wären, und fragen danach, warum viele der Alternativen nicht eingetreten sind ...«

*Gregory Bateson*

Kaum ein Unternehmensführer, der heute nicht den Wandel propagiert, kaum ein Topmanager, der nicht Kostensenkungsprogramme und Reorganisationspläne zur Steigerung der Effizienz und Flexibilität in Arbeit hat. Aber nur wenige Unternehmen, in denen eine umfassende Neuausrichtung auf sämtlichen Ebenen mit ganzem Herzen und in aller Konsequenz betrieben wird. Oft genug, so meine Beobachtungen und Erfahrungen aus der Beratungspraxis, ersticken die Erneuerungsideen hinter verschlossenen Türen in endlosen Sitzungen der Führungsgremien. Sie bleiben auf halbem Wege stecken im Kompetenzgerangel von Abteilungen und Fachbereichen oder werden aufgerieben durch zu viele gleichzeitig gestartete und sich gegenseitig behindernde Projekte und Programme.

Unter dem Titel *Schlank durch die Rezession – Fit durch die Turbulenz* haben Prof. Franz Reither und ich im Sommer '93 eine breitangelegte Untersuchung unter den 500 umsatzstärksten Unternehmen in Deutschland durchgeführt. In der auf dieser Befragung basierenden repräsentativen Lean-Management-Studie wurde der Frage nachgegangen, wie das Topmanagement die Herausforderung annimmt, die Wettbewerbsfähigkeit der deutschen Unternehmen angesichts von Rezession und Strukturkrise neu zu sichern.

Wir haben damals als vorläufiges Fazit festgestellt: »Die befragten Unternehmen sind zwar bereit, der Strukturkrise mit neuen unternehmerischen Lösungen zu begegnen, aber die Ansätze zur Erneuerung sind bislang nur als Tendenz erkennbar. Sie reichen nicht tief und weit genug: Die meisten Unternehmen sind auf dem Weg, aber sie haben gerade erst die Wegweiser passiert.«

Nun bleibt eine Untersuchung, die auf Basis einer schriftlichen Befragung durchgeführt wird, notwendigerweise auf einem bestimmten Abstraktionsgrad stehen. Über die Art und Weise der konkreten Umsetzung der Erneuerungsvorhaben im Unternehmen, über Erfolg oder Mißerfolg in der Praxis vermag sie nur ansatzweise etwas auszusagen. Hier galt es deshalb, tiefer und nachhaltiger zu forschen. Hinzu kam, daß in der Zwischenzeit eine neue Restrukturierungswelle aus den USA nach Deutschland gerollt ist. Eine Reihe namhafter Unternehmen hat auch hierzulande sogenannte Reengineering-Projekte aufgelegt – eine Entwicklung, die in der Lean-Management-Untersuchung natürlich noch nicht widergespiegelt werden konnte.

Doch ob man vom Lean-Management oder vom Reengineering spricht, die grundlegende Frage bleibt, wird sogar noch dringlicher: Wie gelingt es der Unternehmensführung, tiefgreifende Veränderungsprozesse nicht nur zu initiieren, sondern sie mit größtmöglicher Effizienz zu steuern und dabei in puncto Zeit und Kosten, Qualität und Innovation, Kundenorientierung und Service deutliche Verbesserungen zu erzielen?

*Verändern, aber wie?* lautete deshalb der ursprüngliche Titel dieser Arbeit. Mit dieser Fragestellung habe ich über mehrere Monate hinweg intensive Recherchen, ausführliche Gespräche mit Vorständen, Geschäftsführern und Verantwortlichen für Restrukturierungsprogramme geführt. Die Unternehmen wurden zum größeren Teil aus dem Kreis der befragten Top 500 ausgewählt. Zugleich wurden auch einige mittelständische Firmen ausgesucht, die sich als Erneuerer einen Namen gemacht haben. Einige dieser Unternehmen sind mir aus eigenen Beratungsprojekten über einen längeren Zeitraum hinweg bekannt.

Die in dieser Arbeit dargestellten Unternehmen gehören nach meiner Einschätzung zu denen, die den Weg der Erneuerung am weitesten und konsequentesten beschritten haben oder die auf diesem Weg Erfahrungen gesammelt haben, die für andere besonders lehrreich sind.

Bei den Recherchen und Interviews stellte sich sehr schnell heraus, daß die erfolgreichen Erneuerer am wenigsten mit den Begriffen Lean Management oder Reengineering argumentierten oder nur mit einem Unterton des Bedauerns, daß keine anderen greifbar wären. Auch das Programmwort Restrukturierung wurde nur als Begriff einer Teilmenge genutzt, aber selten pars pro toto gebraucht. Es wurde offenbar, daß das, was die Erneuerer denken und tun, mehr umfaßt und eine weiterreichende Bedeutung hat.

Auf der Suche nach dem Geheimnis oder der Besonderheit gelungener Erneuerungsprojekte stellte sich die Frage neu:

Was unterscheidet erfolgreiche Transformationsprozesse von weniger erfolgreichen? Was machen die Besten anders?

Diese Fragestellung veränderte den Charakter der Arbeit im Prozeß ihrer Entstehung. Es ging nicht darum, einige neue bzw. weniger bekannte Managementsysteme oder Change-Management-Techniken vorzustellen. Die Antwort auf das, was erfolgreiche Unternehmen anders machen, liegt nicht in der Wahl anderer Instrumente und Techniken. Sie findet sich in einer anderen Wahrnehmung der Problemzusammenhänge sowie in einem anderen Herangehen an den Erneuerungsprozeß. Die erfolgreichen Erneuerer haben – oder hatten – die gleichen Probleme in den Projekten wie andere Unternehmen auch. Aber sie haben dafür effizientere, elegantere, und zwar integrierte Lösungen gefunden. Sie nutzen die gleichen Instrumente wie andere auch, aber mit einer anderen individuellen Handhabung und vor allem geformt zu einem anderen Zusammen-Spiel. Sie verändern auch Strukturen, definieren Geschäftsfelder und Kernprozesse neu, bauen Organisationen um, aber sie bringen zugleich – und das heißt von Anfang an und von oben angefangen – durch eine mentale Neuausrichtung, durch einen Wandel des Verhaltens, der Kommunikation und der Kultur den radikalen Schritt der Erneuerung in die Balance.

Aus der Beschreibung dieser anderen Wahrnehmung und dieses anderen Herangehens ist eine Bestandsaufnahme von gelungenen Erneuerungsprojekten aus der Innensicht der Unternehmen geworden. Kombiniert mit einer Reflexion der eigenen Erfahrungen, die gewonnen wurden aus der Außensicht des Beraters.

Ich möchte allen, die zum Gelingen dieses Buches beigetragen haben, meinen Dank sagen. In erster Linie meinen Gesprächspartnern, die mir oft über mehrere Stunden hinweg Rede und Antwort gestanden haben. Ich muß mich zugleich bei denen entschuldigen, deren Erneuerungsprojekt hier nicht oder nicht so ausführlich vorgestellt werden konnte, wie sie es verdient hätten und der Autor es sich gewünscht hätte, obwohl sie unbedingt zum Kreis der erfolgreichen »Erneuerer« gehören. Meine Auswahl ist subjektiv und der zur Verfügung stehende Raum begrenzt.

Es würde mich freuen, wenn einige der hier geäußerten Gedanken auch von den Nichtgenannten als Bestätigung ihrer eigenen empfunden würden.

Absender:

Name

Vorname

Straße

PLZ, Ort

Damit wir Sie regelmäßig mit Informationen versorgen können, erlauben wir uns, Ihre Angaben elektronisch zu speichern.

Postkarte

**An den**
**Campus Verlag**
**Werbeabteilung**
**Heerstraße 149**

**60488 Frankfurt am Main**

# *Was dieses Buch nicht will und was es zu leisten versucht*

In einem schon etwas älteren, keineswegs aber überholten Spruch heißt es: »Herr, gib mir die Kraft, das zu ändern, was zu ändern ist; die Geduld, zu ertragen, was ich nicht ändern kann; und die Weisheit, das eine vom anderen unterscheiden zu können.« Gemünzt auf dieses Buch: Es erhebt nicht den Anspruch, allgemeingültige Rezepte zum Thema Erneuerung in allen Lebenslagen zu liefern. Der Anspruch ist bescheidener und die Themenstellung begrenzter.

Daß unsere Gesellschaft insgesamt eine Periode tiefgreifenden Wandels durchläuft, daß unterschiedliche soziale Systeme, Institutionen und Organisationen einer Erneuerung dringend bedürften, ist offenkundig. Jedoch zur Debatte stehen hier einzig und allein Umstrukturierungsprozesse im System Wirtschaft, und zwar speziell solche, die es Unternehmen ermöglichen sollen, ihre Wettbewerbsfähigkeit zu verbessern. Sollten sich in den hier dargestellten Erneuerungsprojekten von Unternehmen Muster erkennen lassen, die aufschlußreich auch für Erneuerungsprozesse anderer gesellschaftlicher Bereiche sind, so wäre dies ein nicht gewollter, allerdings auch nicht unerwünschter Nebeneffekt dieser Arbeit.

Jeder, der sich mit Erneuerungsvorhaben beschäftigt, wird über kurz oder lang konfrontiert mit zeit- und systemübergreifenden, allgemein menschlichen Hemmfaktoren: vor allem mit den Phänomenen der Macht und der Trägheit einer eingefahrenen Normalität.

Ich habe es nicht als meine Aufgabe verstanden, diese allgemeinen Menschheitsfragen zu lösen oder den vorhandenen Antworten aus unterschiedlichen Disziplinen wesentlich neue hinzuzufügen. Gleichwohl sind in die Arbeit einige allgemeine Erkenntnisse aus anderen wissenschaftlichen und praktischen Gebieten – insbesondere aus der systemischen Theorie und Praxis – eingeflossen, die vielleicht einen besseren Umgang mit diesen Grundphänomenen ermöglichen.

Schließlich steckt bereits im ersten Wort des Buchtitels eine Absage an vorschnelle Vereinfachungen. Wäre es anders, hätte ich einen anderen Titel gewählt und von Grundregeln oder ganz wörtlich von Erfolgsrezepten der Erneuerung gesprochen. An einer solchen Managementliteratur herrscht gewiß kein Mangel. Trotzdem mangelt es in den Unternehmen an gelungenen Erneuerungsprojekten. Offensichtlich gehört zum Gelingen etwas mehr als die Kenntnis allgemeingültiger Regeln.

Es scheint, daß viele der versuchten, aber nicht gelungenen Lösungen einer radikalen Neugestaltung gerade auf ein »Mehr desselben« bereits früherer Lösungsversuche hinauslaufen. Gemeint sind Projekte, die unter den Begriffen Restrukturierung oder Reengineering hohe Erwartungen wecken, aber aus dem alten Geist des Taylorismus heraus betrieben werden. Mit den gewohnten administrativen Methoden, mit nichtüberwundenem Abteilungsdenken, mit einseitig technisch-instrumenteller Ausrichtung.

Die zentrale These dieser Arbeit lautet: Die geforderte radikale Neugestaltung des Unternehmens braucht ein grundlegend anderes Herangehen des Managements an Erneuerungsprojekte: Es geht nicht einfach um das Herstellen oder das Fertigen von neuen Strukturen, nicht um die Implementierung fertiger Pläne und nicht um die Mobilisierung für Entscheidungen von oben. Sondern um das Formen von Prozessen und das Gestalten von Beziehungen, um Einbeziehung von Mitarbeitern , um Zusammenspiel und Sinnvermittlung, um die Freisetzung von Kreativität für den Wettbewerb von morgen. Mit anderen Worten: Es geht um ein neu zu lernendes, integriertes Gestaltungsvermögen. Diese These wird in drei Schritten entfaltet:

- Teil A
  Am Anfang steht die gedankliche Auseinandersetzung: Gängige Methoden des Managements im Umgang mit Restrukturierungsprojekten werden in Frage gestellt. Im Anschluß daran wird positiv herausgearbeitet, wie eine grundlegende Neugestaltung erfolgreich realisiert werden kann. Eine Neugestaltung, die auf einem integrierten, post-tayloristischen Managementverständnis basiert.
- Teil B
  Es folgen Beispiele aus der Praxis. Zwölf ausführliche Werkstattberichte von Unternehmensleitern und Projektverantwortlichen ergeben ein authentisches Bild, wie es erfolgreiche Unternehmen machen.
- Teil C
  Kombiniert aus Theorie und Praxis werden Schlußfolgerungen abgeleitet: Muster des Herangehens an Transformationsprozesse in Form von *12 Geboten des Gelingens.*

Den Abschluß bildet ein Ausblick: Perspektiven der Gestaltung künftiger Umweltbeziehungen von Unternehmen.

Ein Hinweis am Schluß:
Der Gang der Argumentation wird zusätzlich in einem Foliensatz visuell aufbereitet. Dieser kann direkt beim Autor bezogen werden:

Dr. Bernhard von Mutius
MUTIUS SYSTEM KOMMUNIKATION
Bergweg 55, 61440 Oberursel
Telefon 06172 – 30 30 44, Fax 06172 – 32497

# Teil A: Die Umstrukturierung beginnt im Kopf

## In Frage stellen und neu orientieren

# 1. Vom Lean Management zum Reengineering: Aufbruchsstimmung in deutschen Unternehmen

»Gerade wenn man glaubt, etwas zu wissen, muß man es aus einer anderen Perspektive betrachten.«

*Mr. Keating im »Club der toten Dichter«*

Metaphern, mit denen wir gemeinhin Konjunkturverlauf und Wirtschaftsgeschehen zu umschreiben versuchen, sind hilfreich und zugleich trügerisch. Von dem Schock der Rezession habe, so hört man allerorten, die deutsche Wirtschaft sich wieder erholt. Die Konzernlenker hätten rechtzeitig das Steuer herumgerissen und Radikalkuren verordnet. Man habe abgespeckt und könne die Augen wieder mehr nach vorn richten.

In der Tat können Analysten auf Zahlen verweisen, die von einigen Unternehmen mit Stolz präsentiert werden: Fixkosten deutlich gesunken, Umsätze und vor allem Erträge wieder leicht gewachsen, Auftragsbücher mehr und mehr gefüllt. Kein Zweifel auch, daß sich in den meisten Unternehmen in den letzten Jahren viel bewegt hat. Kostensenkungsprogramme und Reorganisationsprojekte wurden durchgeführt, die Zentrale schlanker gemacht, Geschäftsbereiche bereinigt oder dezentralisiert, Hierarchien abgeflacht. Man spürt eine Aufbruchsstimmung, und diese ist echt.

Also Entwarnung, oder war da noch was?

Natürlich ist nicht erst seit dem Konjunktureinbruch, sondern bereits seit Erscheinen der MIT-Studie über die »zweite Revolution in der Automobilindustrie« bekannt, daß wir uns in einer tiefgreifenden Strukturkrise befinden. Und diese Strukturkrise dauert an. Die Produktivitätslücke zu den japanischen und den besten amerikanischen Unternehmen ist bislang nur wenig kleiner geworden, von geschlossen kann keine Rede sein. Das gilt zumindest für die Mehrzahl der deutschen Firmen. Der Innovationsrückstand ist nur unmerklich verkürzt worden. Vor allem in den Schlüsseltechnologien der Zukunft – z.B. in den Informations- und Kommunikationstechnologien – sind deutsche Unternehmen nur selten auf den vorderen Rängen zu finden. Es fehlt an wirklich innovativen, weltweit vermarktungsfähigen Produkten.

Die bisher eingeleiteten Maßnahmen zur Effizienzsteigerung reichen offenbar nicht aus. Die bisher unternommenen Schritte zur Stärkung der Innovationsfähigkeit sind offensichtlich unzureichend. Die bisher durchgeführten Managementprogramme zur Sicherung der Wettbewerbsfähigkeit greifen nicht nachhaltig genug. Mancher Unternehmensleiter mag sich noch in Sicherheit wiegen, weil die Eigenkapitalausstattung nach wie vor befriedigend ist und der Cash-flow praktisch gleichgeblieben ist. Aber diese Betrachtung erfaßt nicht die strukturellen und kulturellen Einflußgrößen, die für die Zukunft des Unternehmens immer wichtiger werden.

Selbstvertrauen und Optimismus sind lebensnotwendig. Aber sie sollten uns nicht nicht den Blick auf die Tiefe und die Dimensionen der Krise verstellen. Wir erleben eine mehrfache und mehrdimensionale Erschütterung des ökonomischen Systems. Die traditionelle Großorganisation ist kaum mehr lebensfähig. Die herkömmliche Massenfertigung stößt an ihre Grenzen. Industrielle Strukturen und Produkte werden zunehmend abgelöst durch die Service- und Informationsökonomie. Hinzu kommen ungelöste ökologische und soziale Probleme, die als Umweltanforderungen auf das Wirtschaftssystem einwirken.

Es genügt angesichts dieser Herausforderung nicht mehr, nur kurzfristige Kosteneinsparungen vorzunehmen oder nur Teilbereiche des Unternehmens zu optimieren. Wir befinden uns erst am Anfang einer Umbruchphase, in der alle jene Unternehmen auf der Strecke bleiben werden, die die notwendige Erneuerung nicht umfassend und radikal vollziehen. Umfassend und radikal heißt erstens: zu fragen, ob das geistige Rüstzeug des Industriezeitalters uns heute noch eine Hilfe ist oder zum Ballast wird. Umfassend und radikal heißt zweitens: ein System der Organisation der Arbeit in Frage zu stellen, das über Jahrzehnte hinweg überaus erfolgreich war.

»Im Westen stützen sich die Unternehmen auf die Prinzipien Frederick W. Taylors. Was aber noch schlimmer ist, auch die Köpfe sind tayloristisch. Man glaubt im Westen fest daran, daß ein gesundes Management bedeutet: Manager auf der einen Seite, Arbeiter auf der anderen, mit anderen Worten: Männer, die entscheiden, und Männer, die ausführen. Wir haben die neuen technologischen und wirtschaftlichen Herausforderungen angenommen – besser als ihr in Amerika und Europa. Wir wissen, daß allein die Intelligenz einiger Technokraten – selbst ganz hervorragender – zum Bestehen dieser Herausforderung völlig unzureichend ist.« Konosuka Matsushita (Matsushita Elektroindustrie & Co., Osaka)

Was aber, wenn nicht die Intelligenz einiger hervorragender Technokraten, könnte zureichend sein?

Wie kommt man dahin, daß die gesamte Organisation intelligenter und lernfähiger wird, um den Herausforderungen besser gewachsen zu sein?

Liegt die Lösung in neuen und prozeßhaften Strukturen, in einem Business-Reengineering entlang der Wertschöpfungskette mit Orientierung auf den Kunden?

Genügt es, die Ziele von Umstrukturierungsprojekten radikal neu und viel weitgehender als bisher zu formulieren?

# 2. Schnelligkeit und Flexibilität: Wie erreicht man einen »Quantensprung«?

»Sechs Vorschläge für das nächste Jahrtausend:
1. Beweglichkeit 2. Schnelligkeit 3. Leichtigkeit
4. Genauigkeit 5. Mehrschichtigkeit 6. Konsistenz«

*Italo Calvino*

Wenn man Topmanager befragt, welche Ziele von Restrukturierungsprozessen sie für die wichtigsten halten, lautet die Antwort zumeist: Schnelligkeit und Flexibilität.

»Zeit und Flexibilität im Denken und Handeln sind heute die wichtigsten Wettbewerbsfaktoren. Der Innovator ist der erste, der auf den Markt kommt. Der zweite hat es schwierig, der dritte noch schwieriger, und der vierte hat keine Chance mehr. Das bedeutet, Innovation ist gleich Zeit«, mit diesen Worten bringt Dr. Giuseppe Vita, der Vorstandsvorsitzende der Schering AG, die heutigen Wettbewerbsanforderungen auf den Punkt. Angestrebt wird eine deutliche Verkürzung der Entwicklungszeiten und der Markteinführungszeiten, der Herstellungszeiten und der Lieferzeiten. Nur so können wirkliche Wettbewerbsvorteile auf den Märkten und bei den Kunden erreicht werden.

Nun wurde auch in der Vergangenheit versucht, mit unterschiedlichen Konzepten wie Just in time, Time to market oder Time-Based-Management Zeitvorteile zu erzielen. Aber die Erfolge von gestern genügen heute nicht mehr. Der Wettlauf mit der Zeit hat gerade erst neu begonnen.

Eine Steigerung in anderen Größenordnungen, einen sogenannten Quantensprung, verspricht das Konzept Business-Reengineering. Einen Quantensprung vor allem in der Erhöhung der Geschwindigkeit, aber auch zugleich in der Reduzierung der Kosten, in der Verbesserung der Qualität und des Service. Nicht 10 oder 20 Prozent Steigerung bzw. Reduzierung lauten die Ziele, sondern 30, 50 Prozent oder mehr.

»Die Arbeit in der halben Zeit mit 40 Prozent weniger Kosten zu erledigen bei einer Qualitätsverbesserung von 100 Prozent«, nennt James Champy als eine mögliche Zieldefinition. Eine Durchlaufzeit von fünf Stunden statt fünf Tagen zu erreichen oder eine Lieferzeit von 24 Stunden statt einer Woche wird nicht für unmöglich gehalten.

Die Ziele sind so bestechend wie die Grundgedanken des Konzepts einleuchtend: Gefordert wird eine radikale und fundamentale Neugestaltung des Unternehmens, beginnend mit der Frage: Wenn wir ganz neu starten könnten – wie würden wir es machen? Ausgehend von dieser Frage, gilt es, nicht nur die Kernkompetenzen neu zu definieren, sondern vor allem die Geschäftsabläufe neu zu strukturieren, d. h. die Abläufe entlang der Wertschöpfungskette als Prozeß zu formen und dabei alte hierarchische und funktionale Barrieren abzubauen. Wenn der grundlegende Umbau vollzogen ist – so das Konzept –, verfügt das Unternehmen über reibungslosere, effizientere und damit schnellere Abläufe von und zum Kunden. Der prägnante Kommentar von Peter F. Drucker lautet: »Reengineering is new, and it has to be done.«

Doch das letzte Wort kann dies nicht sein. Eine kleinere Korrektur und eine größere Frage scheinen angebracht: Der Grundgedanke des Reengineering, die Organisation in horizontaler Richtung entlang der Geschäftsprozesse neu zu gestalten, ist so neu auch in Deutschland nicht. Prof. Horst Wildemann oder die Diebold Deutschland GmbH – um nur einige zu nennen – haben schon Jahre zuvor in eine ähnliche Richtung gedacht und gearbeitet, allerdings mit weniger Echo in der Öffentlichkeit. Das entscheidende Problem aber verbirgt sich in dem »to be done«. Dieser Halbsatz müßte umformuliert werden in die radikale Frage nach dem »how to do it, when you do it?«.

Die Begründer des Reengineeringkonzepts Hammer und Champy räumen ein, daß es mit dem »how to«, mit der Umsetzung ihres Konzepts, immer wieder hapert: »Über den Daumen gepeilt schätzen wir, daß sogar 50 bis 70 Prozent der Unternehmen, die den Weg des Business Reengineering wählen, nicht die beabsichtigten durchschlagenden Resultate erzielen.«

Woran liegt es, wenn das Konzept doch so stimmig ist? Könnte es sein – neben anderen Gründen, auf die wir noch zu sprechen kommen –, daß hier etwas vorausgesetzt wird, was schlichtweg nicht vorausgesetzt werden kann?

Die Rede ist von einem Quantensprung. Und es ist hilfreich, sich noch einmal den Inhalt des Begriffs jenseits des Alltags-Sprachgebrauchs klarzumachen. Qantensprung meint ja nicht einfach eine deutliche quantitative Steigerung, sondern einen Wechsel der Qualität. Die wissenschaftliche Definition spricht von einem Übergang eines (mikrophysikalischen) Systems aus einem Systemzustand in einen anderen. Bezogen auf den Faktor Zeit: Gefordert ist eine ganz neue Art von Schnelligkeit: die Prozeß-Schnelligkeit oder Prozeß-Beweglichkeit.

Die Prozeß-Beweglichkeit unterscheidet sich grundlegend von den bisher vertrauten und gewohnten Formen der Schnelligkeit – z. B. beim Fällen von Entscheidungen oder beim Durchsetzen der Entscheidungen. Prozeß-Beweglichkeit läßt sich nicht beschreiben mit Bildern des mechanischen Drucks oder Gegendrucks, mit Gasgeben oder Bremsen. Hier versagen die so oft gehörten Kategorien vom »Turbo-Management« oder gar vom »Minuten-Manager«.

Die neue Schnelligkeit ist das Ergebnis eines grenzüberschreitenden Zusammenspiels, d.h. eines hierarchie-, funktions- und abteilungsübergreifenden Zusammenwirkens in einer Prozeßkette. Und genau dies ist der springende Punkt: Die neue Prozeß-Beweglichkeit widerspricht den alten Programmierungen im Kopf, den eingespielten mentalen Abläufen, die den gewohnten Abläufen im Management entsprechen. Gerade das, was professionelle Manager bislang vor allem auszeichnete, was als Voraussetzung für ihren Erfolg galt, steht zur Disposition:

- die hohe Spezialisierung,
- die klar aufgeteilten Funktionsbereiche,
- das außergewöhnliche Fach-Know-how,
- der ausgeklügelte Einsatz fachspezifischer Instrumente und Systeme,

- der sportliche Ehrgeiz, die eigene Abteilung, den eigenen Bereich vorne zu sehen.

Dieses hochprofessionelle, hochspezialisierte Ab-teilungs-Denken, das bisher so effizient war, wird zum Problem. Aus ihm heraus ist kein Quantensprung zu entwickeln. Im Gegenteil, es wird zum retardierenden, hemmenden, ja blockierenden Element im Wettbewerb um die Zukunft . Wenn es nicht gelingt, dieses Denken zu überwinden, wird der Prozeß der radikalen Neugestaltung nicht gelingen. Mit anderen Worten: Die Umstrukturierung beginnt im Kopf (Abb. 1).

Wer einen wirklichen Quantensprung in puncto Schnelligkeit und Flexibilität erreichen will, müßte zuerst über die mentalen Voraussetzungen des Springens nachdenken. Das Topmanagement müßte bereit sein, die eigenen Denk- und Verhaltensweisen zu hinterfragen, bevor es von den Mitarbeitern fordert, sich in einen radikalen Erneuerungsprozeß zu begeben.

Umstrukturierungsprojekte müßten sich dadurch auszeichnen, daß nicht nur die Ziele neu gesteckt werden, sondern daß ein anderer Weg eingeschlagen wird, daß das Herangehen und Vorgehen anders aussieht als bisher. Dies scheint zumindest logisch zwingend. Ob in der Realität so verfahren wird, steht auf einem anderen Blatt.

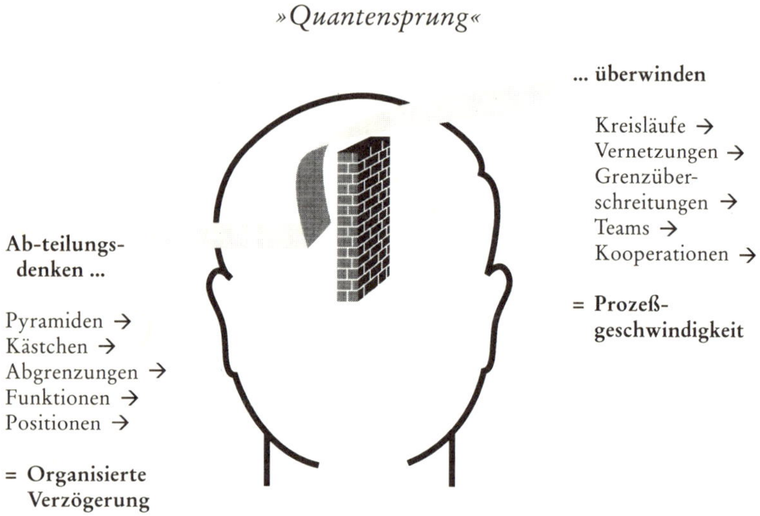


Abb. 1: Die Strukturveränderung beginnt im Kopf

# 3. Paradox und Dilemma: Radikale Neu-Gestaltung mit herkömmlichen Denk- und Verhaltensmustern?

»Es geht darum, Denkweisen zu reformieren – Empfindungsweisen, die Millionen Jahre Besitzstandwahrung hinter sich haben.«

*Paul Valéry*

Wer einen Neubeginn wagt, ein neues Konzept in die Tat umsetzen will, braucht dafür Begriffe. Das ist verständlich, denn Begriffe sind dazu da, etwas in Kürze begreifbar zu machen. Natürlich nicht das ganze Konzept zu erklären, aber zumindest eine Richtung aufzuzeigen. Man muß sich an etwas halten können. Mir scheint es bezeichnend zu sein, daß die Begriffe, die am häufigsten gebraucht werden, wenn es um Erneuerungsprojekte geht, Re-Strukturierung und Re-Engineering lauten. Beide Begriffe codieren strenggenommen – zumindest im deutschen Sprachgebrauch – ein Paradox: Angestrebt wird eine radikale Neugestaltung, aber formuliert wird ein Zurück.

Diese Codierung spiegelt und verstärkt ein Dilemma vieler Erneuerer: Man spürt, daß eine fundamentale Neugestaltung auch neue Methoden des Herangehens erfordert. Doch diese sind nicht auf Anhieb erlernbar und sofort greifbar. Also greift man zurück auf herkömmliche Konstruktionsprinzipien des Denkens und tradierte Instrumente und Methoden des Handelns, da man unter dem Zwang steht, schnelle Ergebnisse zu erzielen.

Ich habe in den letzten Jahren den Ablauf von Reorganisations- und Restrukturierungsprojekten vor allem in Großunternehmen intensiv beobachten können. Der Versuch, den typischen Ablauf des Beobachteten zu beschreiben, liest sich wie eine Fortschreibung der eingangs zitierten Einschätzung von Matsushita: »Männer, die entscheiden«, beraten hinter verschlossenen Türen über Reorganisationspläne.

Es wird ein Projektteam beauftragt, das mit Brillanz, aber ohne Kompetenz Analysen und Umsetzungsvorschläge erarbeitet. Zur Sicherheit werden Berater geholt, die dem Management schon früher geholfen haben bei Reorganisationsprojekten, die gerade jetzt zur Disposition stehen. Die Kästchen werden entlang der Wertschöpfungskette neu aufgeteilt und untereinander verteilt. Dies wird Re-Design genannt. Nachdem die Männer, die schon immer entschieden haben, und die Männer, von denen sie schon immer beraten wurden, ihre Planung abgeschlossen haben, werden eine flächendeckende Einführung und eine Mobilisierung der Belegschaft beschlossen.

Doch das will nicht so recht funktionieren. Man merkt, daß das Projekt gedanklich noch nicht stimmig ist und noch einmal aufgerollt und verändert werden muß. Kreative Spezialisten für Change-Management und Communication-Management werden eingeschaltet, die dem Projekt noch eine Wendung in Richtung Akzeptanz der Mitarbeiter geben sollen. Darüber vergehen Monate, manchmal Jahre, die Anfangsenergie ist verbraucht. Man fragt sich: Wann wird das nächste Projekt aufgelegt? Angesichts der Hartnäckigkeit, mit der das tayloristische Denken sich behauptet, wird der ebenso zornig wie resigniert klingende Ausruf von Knut Bleicher, dem Doyen der St. Gallener Schule, verständlich: »Hat man denn im Umgang mit dem Wandel nichts gelernt?«

Zu lernen wäre – und vielleicht kann nur so überhaupt eine Bereitschaft zum Lernen entstehen – aus den kostspieligen Erfahrungen des Scheiterns. Man müßte zunächst nichts anderes tun, als die Faktoren aufzulisten, die bei einem Restrukturierungsprogramm immer wieder als Probleme und Widerstände auf allen Ebenen auftreten und sich ganz logisch zu einer Kette von Hemmfaktoren ergänzen:

- Informationsdefizite: Worum geht es eigentlich?
- Verständnisprobleme: Was ist damit genau gemeint?
- Vorstellungsschwierigkeiten: Wie hängt das alles miteinander zusammen, worauf läuft das hinaus?

- Ängste/Skepsis: Was bedeutet das für mich?
- Gefühle der Überforderung: Bin ich den neuen Anforderungen gewachsen?
- Kulturprobleme: Spielen wir gegeneinander oder miteinander?

*Die Kette der Hemmfaktoren*

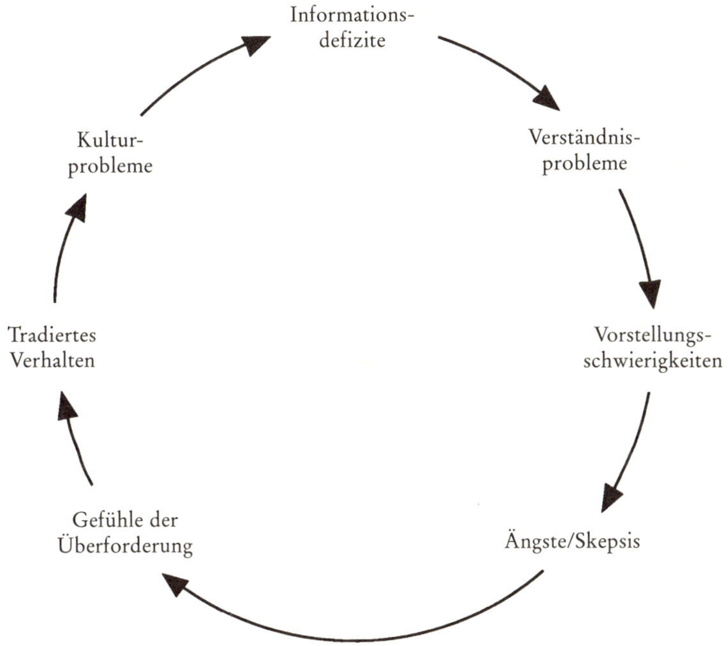


Abb. 2: Ein Kreislauf des Mißlingens

Wenn man den Kreislauf des Mißlingens (Abb. 2) nüchtern betrachtet und analysiert, kommt man nicht umhin, eine neue Perspektive einzunehmen: Wer nur in Strukturen denkt, denkt zu kurz. Wer Prozesse nur auf dem Blatt Papier definiert, definiert über sie hinweg. Wer erst am Ende Mitarbeiter aktiv einbeziehen will, schließt sie aus.

Noch deutlicher zeigt sich jetzt das in dem Begriff Reengineering eingebaute Paradoxon. Der Begriff zielt auf eine radikale Neugestaltung. Aber die mentale Einstellung und das Verhalten, die Vorstellungen und die Gefühle, die Erwartungen und vor allem die Ängste der Mitarbeiter, also alle Faktoren, die letzlich über den Erfolg oder den Mißerfolg des Projekts entscheiden, lassen sich unter diesen Begriff auch beim besten Willen nicht subsumieren.

Das gilt insbesondere für die Kommunikation: Sie ist das verbindende, zirkulierende und impulsgebende Element der Neugestaltung, das gleichsam wie ein Nervensystem aller Prozesse funktioniert. Aber sie entzieht sich der Begriffswelt des Reengineering. Konkreter ausgedrückt: »Man kann Kommunikation nicht reengineeren«, so der bündige Kommentar von Egbert Appel, Mitglied des Vorstandes der Liechtensteiner Hilti AG.

Weil das so ist, zieht ein Paradox das andere nach sich. Man weiß oder wittert instinktiv, daß Kommunikation immer wichtiger wird. Und so spricht man von Einstimmung, von Offenheit und Glaubwürdigkeit und im selben Atemzug von Mobilisierung für die Implementierung der Restrukturierung.

Man fordert von den Kollegen unten in der Fertigung, daß sie neue Formen der Gruppenarbeit erlernen, daß sie komplexe Aufgaben fachübergreifend lösen, daß sie unter Absehung von Rang und Titel gemeinsam kontinuierliche Verbesserungen erzielen. Und gleichzeitig bleibt es oben im Management bei der Politik der großen Räder hinter verschlossenen Türen, bei der sorgsamen Einteilung und Verteidigung von Ressorts und Posten, bei der Absicherung der eigenen Zuständigkeit und Weisungsbefugnis.

Die Folge sind Irritationen, Zweifel und Skepsis. Der Eindruck von Widersprüchlichkeit und Unglaubwürdigkeit kann – wenn überhaupt – dann nur im nachhinein korrigiert werden. Das Ergebnis ist: mühsames Nachbessern, Schwerfällligkeit, schleppende Langsamkeit, mit einem Wort: Ineffizienz. Und das bei einem Projekt, das mit der Zielsetzung Effizienzsteigerung begonnen wurde.

# 4. Halbe Lösungen: Die Unzulänglichkeiten des technisch-instrumentellen Herangehens

»Jeder Tag beginnt aufs neue mit der Zerstörung der eigenen Selbstgefälligkeit. Immer wieder heißt es, der eigenen Errungenschaft, der eigenen Handfertigkeit und lieben Gewohnheiten mißtrauen.«

*Antoni Tàpies*

Bleiben wir noch einen kurzen, letzten Moment bei dem Begriff Re-Engineering, und zwar bei dem zweiten, wichtigsten Bestandteil des Wortes. Es ist sicher kein Zufall, daß hier das Ingenieursfach in den Rang einer Leitdisziplin für den Erneuerungsprozeß von Unternehmen erhoben wird. Und es ist auch nur zu verständlich, verbinden sich doch mit dieser Disziplin ganz bestimmte Wertvorstellungen und Fähigkeitsprofile: Leistungsbereitschaft, Berechenbarkeit und Präzision. Faktoren, die bei einem so grundlegenden, für die Zukunft des Unternehmens entscheidenden Projekt von besonderem Gewicht sind.

Gleichwohl bleibt ein Unbehagen: Der Ausdruck Re-Engineering verführt dazu, die Aufgaben der radikalen Neugestaltung einseitig technisch-instrumentell zu interpretieren und die sozialen Dimensionen des Veränderungsprozesses zu vernachlässigen.

Die Verführung fällt leicht, entspricht doch der technisch-instrumentelle Ansatz den Qualifikationen und den mentalen Prägungen vieler Manager und Unternehmensberater. Hier passen das Angebot eines griffigen, perfekt funktionierenden Konzepts und die Nachfrage nach einem Prozeß, den man exakt steuern und im Griff haben möchte, genau zusammen. Und genau so sieht dieser Prozeß auch – zumindest zunächst – in der Realität bei den meisten Firmen aus:

In den Analyse-Papieren und Konzept-Charts der für das

Restrukturierungsprojekt verantwortlichen Prozeßausschüsse und Projekt-Designteams wird eine Welt abgebildet, die in einem Konstruktionsbüro entworfen sein könnte: Da wird von Steuerung durch Input und Output oder mit Hilfe von Stellhebeln geredet. Da werden Strukturen zwar horizontal und nicht mehr vertikal aufgezeichnet, aber das Design der Prozeßorganisation ist das einer menschenleeren Fabrik.

Und wenn es an die Implementierung geht, werden Managementsysteme präsentiert und die Instrumentenkoffer ausgepackt. Wenn man in die Präsentationsmappen und Tool-Boxes hineinschaut, erblickt man eine kaum mehr überschaubare Zahl von Systemen und Instrumenten: von den DV-Tools bis hin zu den OE-Instrumenten; von den Systemen zur Analyse des Strategic Intent über Time-Based-Management-, Activity-Based-Costing-, Benchmarking-, Total-Quality-Management-Systeme bis zu Job-Enrichment-, Motivations- und Anreizsystemen.

Nun sollen und können an dieser Stelle diese Managementsysteme nicht bewertet und die Nützlichkeit der einzelnen Instrumente nicht in Frage gestellt werden. Zu fragen ist allerdings: Wie geht man damit um? Wie setzt man sie ein? Und in welchem Kontext werden sie gebraucht? Und hier nimmt die Geschichte in den meisten Fällen eine vorher nicht geplante Wendung: Was zu Beginn des Projekts – auf dem berühmten weißen Blatt Papier – noch so klar strukturiert und so exakt konstruiert worden war, verwandelt sich allmählich bis zur Unkenntlichkeit.

Jedes System und jedes Instrument fordert sein eigenes Projektteam, seine eigenen Betreuer und Berater, seine Kick-off-Veranstaltungen und Pilotphasen, seine Trainingsprogramme und Handbücher, seine Supervisions- und Kontrollsysteme. Die verschiedenen Projekte beginnen sich zu verselbständigen, laufen nebeneinander und z.T. gegeneinander – obwohl in ihnen zumeist ganz ähnliche oder sich überschneidende Aufgaben behandelt werden. Eine wachsende Anzahl von Mitarbeitern ist teils damit beschäftigt, die jeweilige Sprache der Systeme zu lernen und die Anleitungen für die Instrumente zu studieren, und teils damit, die Organisation von Terminen und Protokollen unter Kontrolle zu halten.

Die Mutation des Prozesses ist beachtlich: Aus dem anfangs so präzis geplanten und gesteuerten Erneuerungsvorhaben wird ein aufgeblähtes Gebilde von kaum noch überschaubarer und lenkbarer Komplexität. Die Zeit, die durch einzelne Projektfortschritte eingespart wurde, wird durch die Bearbeitung der Projekte insgesamt wieder aufgezehrt.

Um jedes Mißverständnis auszuschließen: Die Alternative zu dem hier geschilderten unkontrollierten, parkinsonschen Wachstum der »Instrumenten-Wirtschaft« ist nicht der Verzicht auf Managemensysteme oder -instrumente oder gar auf Technik oder Technologien. Im Gegenteil: Gerade die Informationstechnologien bekommen in einer prozeßorientierten Organisation eine immer wichtigere Bedeutung. Sie spielen wirklich eine tragende Rolle als Spiegel der Prozesse, als Speicher-, Transport- und Darstellungsmedien der Prozeßdaten.

Natürlich brauchen wir professionelle Managementsysteme. Selbstverständlich sind Qualitäts-Sicherungs-Systeme eine Basisanforderung. Ganz sicher leisten insbesondere Instrumente aus dem TQM-Konzept unverzichtbare Dienste. Und ohne Zweifel können Entlohnungssysteme über den Erfolg oder Mißerfolg – etwa bei der Einführung von Gruppenarbeit – entscheiden. Nur gilt: diese Systeme und Instrumente müssen in die dynamischen Abläufe und Prozesse hineinmodelliert werden, nicht umgekehrt. Sie müssen flexibel gestaltet werden, um die Flexibilität der Mitarbeiter und ihrer prozeß- und teamorientierten Arbeitsorganisation zu unterstützen.

Was für das einzelne System gilt, trifft ebenso auf die Mehrzahl zu. Es kommt auf die Formung an. Es geht darum, sie sinnvoll zu kombinieren und zu bündeln, das heißt: sie aufeinander abzustimmen und anschlußfähig zu machen. Und genau dies ist keine rein technische, sondern eine technikübergreifende Aufgabe. Gefordert ist die sozialintegrative Gestaltung von Systemzusammenhängen.Wir brauchen weniger eine systemtechnische als vielmehr eine systemisch-kreative Kompetenz.

Ohne ein anderes Systemverständnis, das nicht mehr vom Apparatemodell abgeleitet ist, sind die Projekte der Erneuerung weder zu verstehen noch zu steuern. Unternehmen oder Organisationen sind eben keine trivialen Maschinen mit einfachen Input-Output-Mechanismen und keine informationsverarbeitenden Großrechenanlagen. Es sind lebende, dynamische, instabile Systeme, mit anderen, komplexeren Regelungszusammenhängen und Kreisläufen, die auf Interventionen ganz anders reagieren als konstruierte Objekte.

So braucht die radikale Neugestaltung sozialer Systeme eine Anknüpfung an das Bestehende, an das Gewachsene, an Identität und Herkunft. »Es muß ein Minimum an Herkunft erhalten bleiben, sonst mißlingt die Änderung« (Odo Marquard). Nur wenn im Erneuerungsprojekt die Bewahrungskräfte ebenso wichtig genommen werden wie die Veränderungserfordernisse, hat die Veränderung überhaupt eine Chance, nicht über kurz oder lang wieder abgestoßen zu werden.

Die Praxis der Besten, die wir im folgenden vorstellen werden, zeigt: Ein systemisches Verständnis ermöglicht ein praxisgerechteres, der Wirklichkeit besser angepaßtes Herangehen an Erneuerungsprozesse. Eines der eindrucksvollsten Beispiele dafür stammt von Hewlett-Packard, sicher nicht nur eines der führenden, sondern auch eines der erfolgreichsten Unternehmen der Elektronikindustrie. Bei HP in Böblingen haben die Mitarbeiter selbst ein integriertes systemisches Modell der Erneuerung entwickelt und mit Erfolg umgesetzt. Das Projekt heißt *Kollegen im Team* (Abb. 3) und ist Teil einer unternehmensweiten Neuausrichtung von der funktionalen zur Prozeßorganisation. Es zielt auf die eigenverantwortliche Steuerung der Prozesse in der Produktion. Der von den Kollegen selbst gewählte methodische Ansatz lautet:

- die technischen Prozesse,
- die sozialen Beziehungen
- und die Umfeldbeziehungen

in der Organisation zu untersuchen und auf Basis dieser Untersuchung die Organisation zusammenhängend neu zu gestalten. Das Ergebnis ist zum einen ein wirklich verstandener, selbstgesteuerter Erneuerungsprozeß und zum anderen eine selbstgestaltete Prozeßorganisation mit deutlich erhöhter Schnelligkeit

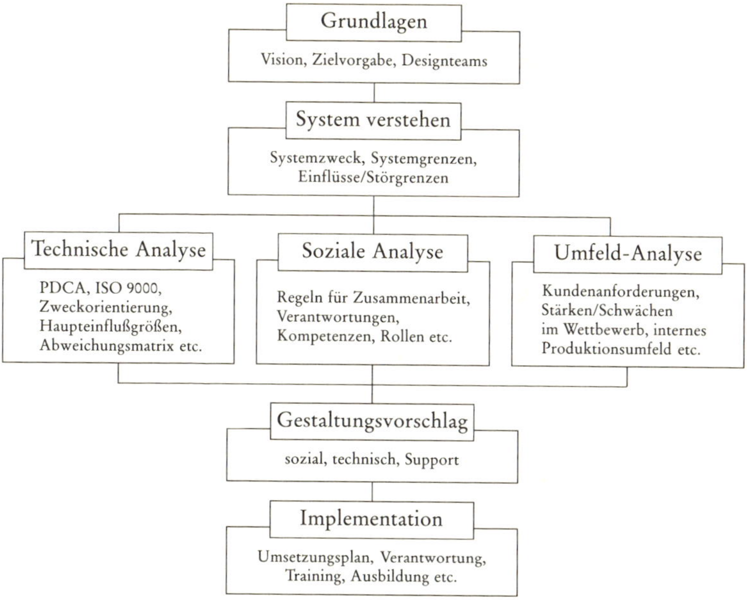


Abb. 3: »KIT« – *Kollegen im Team:* Generelles Vorgehen, HP Böblingen

und Flexibilität der Abläufe Im Zusammenspiel mit den externen und internen Kunden.

Der technikübergreifende systemische Ansatz macht die Prozeßgestaltung nicht schwieriger, sondern einfacher. Die integrierte Methode ist effizienter als die der einseitigen technisch-instrumentellen Lösungsversuche. Denn die halben Lösungen bleiben nicht nur in der Regel auf halbem Wege stecken, sondern produzieren zudem dort ein ganzes Bündel ungelöster Probleme. Wer dies vermeiden will, muß einen anderen Weg einschlagen. Ein Weg, auf dem die Technik und die Techniken notwendig, hilfreich und wichtig sind, aber eben als Werkzeuge und Hilfsmittel oder als verfügbare Fertigkeiten unter vielen anderen auszubildenden Fähigkeiten. Nur wenn die Beherrschung der Management-instrumente verbunden ist mit einer integrierten und das heißt auch kommunikativen Gestaltungskompetenz, können die Instrumente zum Klingen gebracht werden.

Die radikale Neu-Gestaltung von Unternehmensprozessen braucht Techniken. Aber sie ist keine Technik. Sie ist eine Kunst: das Vermögen, ohne Schablone Prozesse zu formen, Beziehungen zu gestalten, Menschen zu entwickeln, und die Fähigkeit, mit Kreativität und Konsequenz neue Wege zu gehen.

# 5. Integration statt Addition: Neuausrichtung von Strategie und Struktur, Verhalten und Kultur

»Zwar ist's mit der Gedankenfabrik
Wie mit einem Webermeisterstück,
Wo ...die Schifflein herüber-hinüberschießen,
Die Fäden ungesehen fließen,
Ein Schlag tausend Verbindungen schlägt.
Der Philosoph, der tritt herein
Und beweist Euch, es müßt so sein:
Das Erst wär so, das Zweite so
Und drum das Dritt und Vierte so, ...
Das preisen die Schüler aller Orten,
Sind aber keine Weber geworden.«

*Johann Wolfgang von Goethe*

Es schien bisher alles so einfach, solange die Grenzen noch klar und vor allem noch hoch gezogen waren. Für das Thema »Strukturwandel« waren die strategischen Planer, die Unternehmensentwickler oder die Fachleute der Betriebsorganisation zuständig. Wenn eine Reorganisation ins Haus stand, wurde diese ohne große Abstimmung von oben geplant und durchgeführt. Dies brachte zwar für eine Zeitlang Unruhe mit sich, Gerüchte und Spekulationen kursierten. Man duckte sich, zog den Kopf ein und wartete, bis das Unwetter sich wieder verzogen hatte.

Für den Kulturwandel waren vor allem die Personalentwickler, die Experten für Corporate Identity und die Kommunikationsspezialisten zuständig. Diese bemühten sich engagiert, mittels Befragungen, in Seminaren und Workshops die Stimmungen und Wünsche zu sondieren, die Wertvorstellungen auszuloten und daraus im Rahmen eines CI-Programms ein gemeinsames Wir-Gefühl zu formen. Von manchen Reorganisatoren wurde dies zwar eher als ein zweitrangiges Nice-to-have-Spiel empfunden, das man aber tolerierte, da die eigene Domäne davon nicht tangiert war.

Es zeichnet sich ab, daß diese Arbeitsteilung allmählich von beiden Seiten in Frage gestellt wird. Wobei der auslösende Faktor der Kunde selbst ist: Wenn sich das Unternehmen konsequent am Kunden ausrichten will, wenn die Prozesse vom Kunden aus definiert werden müssen, verändern sich die Gestaltungsaufgaben auf beiden Gebieten. Indem man sich jeweils auf den Kunden hin bewegt, bewegt man sich zugleich aufeinander zu.

Der geforderte Wandel zu prozeßorientierten Organisationsformen erfordert ein Überdenken herkömmlicher CI-Projekte. Der Selbstbespiegelungsaspekt der CI muß ergänzt werden durch die Perspektive der Customer-Driven Company. Es gilt, Verbindungen zur strategischen Planung einzugehen, Anschlüsse zum operativen Tagesgeschäft herzustellen, konkretere Handlungsorientierungen aufzuzeigen.

Auf der anderen Seite wird immer spürbarer, daß die vom Kunden geforderte Schnelligkeit und Flexibilität des Unternehmens von neuen Organisationsstrukturen nur unterstützt werden kann. »Wir müssen uns von uns selbst weg bewegen hin zu dem, was andere von uns wollen. Die Frage ist, ob man das mit Strukturen durchsetzen oder nur fördern kann. Ich bin eher der Meinung, daß man es nur fördern kann, indem man Freiheiten gibt und Verantwortung delegiert.« Dies ist die Einschätzung eines strategischen Planers, der in den letzten Jahren gewaltige Strukturveränderungen in dem größten Unternehmen der Elektronikbranche konzeptionell mitbetreut hat: Peter Abt, IBM Deutschland Informationssysteme GmbH.

In dem Maße, wie die Grenzziehungen durchlässiger werden und das, was sich auf beiden Seiten tut, eine prozeß- und kundenorientierte Bewegung ist, liegt es nahe, im Erneuerungsprozeß von Anfang an integriert vorzugehen. Der Weg der Praxis führt zu einem von beiden Seiten getragenen und gestalteten gemeinsamen Prozeß, den ich mit dem Begriff ›Customer-Driven Identity‹ bezeichnen möchte. In diesem Sinn haben einige Unternehmen bereits damit begonnen, integrierte Prozesse und Programme der Erneuerung zu entwickeln.

Die strategische Ausrichtung auf eine Steigerung der Schnelligkeit und Flexibilität, die Strukturveränderung in Richtung einer prozeß- und teamorientierten Organisation werden verbunden mit einer Neuorientierung des Verhaltens, mit einer dialogischen Ausrichtung der Kommunikation, mit einer Revitalisierung der Unternehmenskultur. Ich möchte dafür einige ausgewählte Beispiele nennen:

- Das Programm *Total Customer Care* der Schott Gruppe, kurz TCC genannt. Zentriert um sechs Grundsätze, werden die wichtigsten strukturellen, strategischen und normativen Aufgaben einer umfassenden Kundenorientierung programmatisch zusammengefaßt und in einem unternehmensweiten Dialogprozeß operationalisiert.
- Das Programm *top-Siemens* der Siemens AG. top steht für time optimized processes, für die Beschleunigung aller Prozesse. In den Programmdokumenten wird herausgestellt: es geht nicht nur um einzelne Produktivitätssteigerungen, sondern »um Veränderungen unserer persönlichen Einstellung und unserer Unternehmenskultur«.
- Das Programm *Customer-Focus* von ABB. Die konsequente Ausrichtung am Kunden und die Steigerung der Effizienz, so einer der Grundgedanken dieses Programms, sind nicht allein durch Dezentralisierung und nicht durch noch mehr Einzelprogramme zu erreichen. In einem integrierten Prozeß gilt es vor allem Denken, Verhalten, Werte, Kultur neu zu orientieren.
- Das *MB-Erfolgsprogramm* der Mercedes-Benz AG. Unter dem Motto »Köpfe drehen – Richtung verändern« wurden vier Grundhaltungen für eine organisatorische und mentale Neuausrichtung definiert und auf dieser Basis eine unternehmensweite Lernoffensive eingeleitet.
- Das Programm *GTZ 2000* der Eschborner Gesellschaft für Technische Zusammenarbeit. Im Rahmen dieses Programms haben sich strategische Planung, Corporate Identity und Personalentwicklung zusammengetan, um auf allen Ebenen einen koordinierten Prozeß der Selbststeuerung des Unternehmens zu fördern und zu unterstützen.

– Das Programm *Vokuss* des Büromöbelherstellers VOKO. Vokuss ist die Abkürzung für: »Voko kundenorientierter, schneller, schlanker«. Das Programm soll unterschiedliche Optimierungsansätze von der Produktion bis zur Auftragsabwicklung in einem unternehmensweiten Prozeß zusammenführen.

Selbstverständlich sind diese Programme nicht nach einem einheitlichen Schema konzipiert. Die einzelnen Programmelemente differieren ebenso wie die Formen ihrer Verknüpfung. Die Methoden der Umsetzung unterscheiden sich, und die Etappen des Prozesses werden anders eingeteilt. Gleichwohl kann man ein

*Haus der Erneuerung*

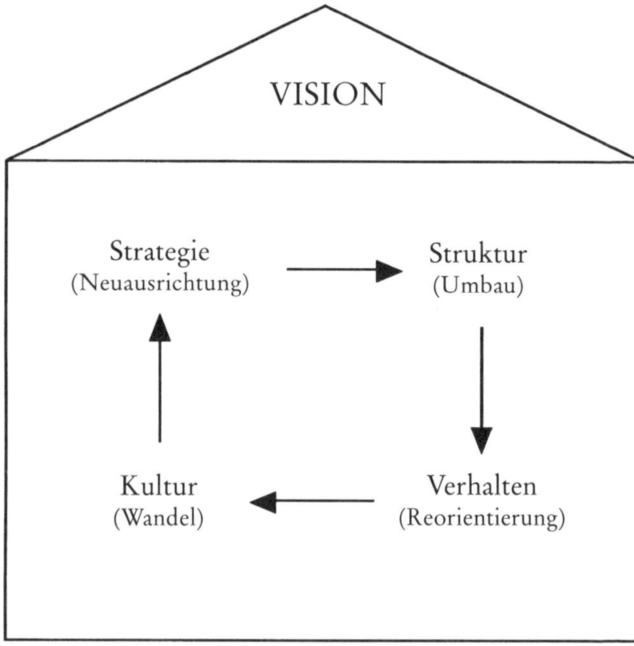


Abb. 4: Umrisse der Gestaltungsaufgaben

grundlegendes Orientierungsraster erkennen, das zumindest vier Dimensionen umfaßt: die Strategie und die Struktur, das Verhalten und die Kultur. Daraus läßt sich ein Modell entwickeln, das dem Programm der integrierten Erneuerung gedanklich zugrunde gelegt werden kann, gleichsam als Grundriß für das *Haus der Erneuerung* (Abb. 4).

- Jede Umstrukturierung sollte mit einem Neudurchdenken der Strategie und der Kernkompetenzen verbunden werden.
- Der Umbau der Struktur kann nur realisiert werden, wenn dieser mit einer Reorientierung des Verhaltens einhergeht.
- Der Prozeß der Neuorientierung des Verhaltens kommt nur voran in einer Atmosphäre des Wandels zu einer offenen Unternehmenskultur.
- Die Neuausrichtung von Strategie und Struktur, Verhalten und Kultur macht nur Sinn im Rahmen einer übergreifenden Vision der Erneuerung.

Dieses Modell hat sich in der Praxis als nützlich erwiesen bei den ersten Schritten der Programmgestaltung. Es bietet einen Orientierungsrahmen für die Erarbeitung von gemeinsamen Leitlinien oder Grundsätzen. Es ist hilfreich bei der Überprüfung der Zielsetzungen und der eingeleiteten Maßnahmen:

- Haben wir bedacht, welche Auswirkungen der Versuch einer Veränderung auch nur eines dieser vier Elemente auf alle anderen hat?
- Sind wir uns darüber im klaren, daß eine mangelnde Berücksichtigung einer dieser Dimensionen den gesamten Prozeß zurückwirft?
- Wie stellen wir sicher, daß diese vier Aspekte in der Projektarbeit auch personell und organisatorisch abgedeckt werden?
- Beschäftigen wir uns ausschließlich mit den gegenwärtigen Problemen der eigenen Organisation oder orientieren wir uns nach vorn, um die Märkte der Zukunft zu gewinnen?

Natürlich kann dieses zweidimensionale, vereinfachte Modell einen Gedanken, der für den Integrationsprozeß entscheidend ist, nur andeuten: Integration meint nicht einfach Addition und nicht bloß Bündelung. Es kann sich nicht darum handeln, verschiedene, getrennte Maßnahmen und Aktvitäten nur zusammenzulegen, zu einem Paket zu schnüren und mit einem gemeinsamen Titel ansehnlich zu verpacken. Damit löst man nicht die Probleme der Projekt-Aufblähung im Unternehmen, sondern man kaschiert sie nur. Denn unter dem Druck der Tagesereignisse werden solche Pakete leicht wieder aufgeschnürt, man nimmt eine Prioritätensetzung vor und beschäftigt sich erst einmal mit den anscheinend wichtigeren Feldern der Strategie und vor allen der Struktur. Und damit wird etwas künstlich auseinandergerissen, was in der Realität ein untrennbarer Zusammenhang ist.

Gerade wenn man eine team- und prozeßorientierte Organisation als Ziel vor Augen hat, muß man die Vorstellung von klar getrennten Gebieten revidieren. Konkret: Um ein Team zu skizzieren, benötige ich eine strukturierende Optik – z.B. fünf bis sieben Mitglieder, abteilungs- und funktionsübergreifend zusammengesetzt. Um aber ein Team zu charakterisieren, also das zu beschreiben, was es überhaupt erst zu einem Team macht, brauche ich eine verhaltens- und kulturorientierte Sichtweise – z.B. Leistungsbereitschaft, Innovationsfähigkeit, Kommunikationsdichte.

Nehmen wir ein anderes Beispiel, das vielleicht noch aufschlußreicher ist, weil es eines der entscheidendsten Probleme der Organisation bezeichnet: die Schnittstellen. Die Struktur der Schnittstellen einer Prozeßorganisation läßt sich auf dem Papier exakt entwerfen. Aber ob an diesen Stellen harte Schnitte bleiben oder ob ein ständiger Fluß von Informationen hinüber und herüber stattfindet, ob die Kollegen sich gegenseitig abstimmen und austauschen, darüber läßt sich in Strukturbegriffen nichts aussagen. Aber gerade auf das, was sich so nicht fassen läßt, kommt es an: Wenn eine Prozeßorganisation funktionieren soll, müssen Schnittstellen zu Naht- oder Kontaktstellen werden. Sie müssen gleichsam wie Synapsen verbindend wirken. Und das heißt wiederum: Kommunikationsfähigkeit, ein von den Mitarbeitern praktiziertes abteilungsübergreifendes Verhalten, eine gelebte Kultur der Offenheit.

Vielleicht läßt sich an diesen beiden Beispielen ein Muster erkennen, das unsere bisherigen, von der industriellen Produktionsweise geprägten Vorstellungen von Strukturen als überholt erscheinen läßt. Ein Muster, das uns ermöglicht, besser zu verstehen, was mit dem oft gehörten Ausdruck ›3. Revolution‹ vor allem gemeint sein könnte. Die ehemals harten Einschnitte, Trennungen, Ab-Teilungen, die eine Struktur bislang markiert haben, werden durchlässiger, transparenter, poröser. Ja, sie verlieren mehr und mehr an Bedeutung. Nicht mehr die Trennungen selbst, sondern das, was die Trennungen überwindet, was zwischen ihnen abläuft, was als Impuls oder Information nicht an einen Ort gebannt werden kann, wird zum entscheidenden Strukturmerkmal der neuen Arbeitsorganisation. Zugespitzt formuliert: Selbst die Struktur läßt sich nicht mehr ohne Zuhilfenahme von kulturellen Kategorien beschreiben.

Wer über Strukturveränderungen nachdenkt, kommt deshalb nicht umhin, über Spielregeln nachzudenken. Die geschriebenen und vor allem die ungeschriebenen Regeln, in denen sich die Gewohnheiten, die Werte und Überzeugungen der Mitarbeiter ausdrücken. Es nützt nichts, interne Kunden-Lieferanten-Beziehungen zu deklarieren, wenn der Abteilungsegoismus ein ungeschriebenes Gesetz ist. Es bringt nicht viel, Hochleistungsteams zu propagieren, wenn der informelle Code einer Abteilung oder eines Bereichs lautet: »Je mehr du dich anstrengst, desto mehr wird dir aufgebürdet. Also halte dich geschickt zurück.«

Die gekonnte Transformation von Spielregeln wird deshalb zu einem entscheidenden Schlüssel für das Gelingen eines integrierten Erneuerungsprozesses. Wer daran arbeitet, formt die neue »Gestalt eines Sozialgebildes«, um es mit den Worten zu sagen, mit denen Herder einmal Kultur definiert hat.

Integrieren heißt, bislang Getrenntes zu kombinieren und dabei etwas Neues zu schaffen. Der Integrationsprozeß ist ein kreativer Gestaltungsprozeß.

# 6. Design und Dramaturgie: Die Gestaltung der Prozeßformen

»Man sucht, man wechselt die Richtung, man tastet sich vorwärts, man irrt sich, man entfernt sich, bis zu dem Augenblick, in dem die Erscheinung der Form so ist, daß man sie wiedererkennt. Plötzlich gibt sie sich zu erkennen, und man sagt sich: Ah, jetzt verstehe ich, was ich suche. Das ist vielleicht der Weg.«

*Peter Brook*

Zu mehr Flexibilität durch den Wandel von der funktionsorientierten Organisation zur Prozeßorganisation – das ist das Leitmotiv, unter dem die radikale Neugestaltung heute bei vielen Unternehmen steht. Die Gedanken kreisen um ein Redesign oder ein Prozeßdesign, gearbeitet wird in speziell dafür eingerichteten Designteams. Die häufig gebrauchte Vokabel Design macht – jenseits aller auch zu konstatierenden Modeerscheinungen – Sinn. Sie verweist darauf, daß es heute tatsächlich um das Formen bzw. um das Gestalten geht, nicht aber um das Fertigen oder Herstellen.

Die Prozeßorganisation unterscheidet sich grundsätzlich von der funktionalen Organisation, und zwar gleich in mehrerlei Hinsicht. Die Form ist horizontal statt vertikal ausgerichtet: entlang der Wertschöpfungskette zwischen Lieferanten und Kunden. Die Form hat eine bestimmte Drehrichtung: Der Prozeß bewegt sich von außen (den Kunden) nach innen. Die Form ist in Elemente unterteilt, aber diese fungieren übergreifend (abteilungs-, funktions-, hierarchieübergreifend), vermittelt durch Kommunikation (Abb. 5).

Wer sich mit dieser Form auseinandersetzt, stößt auf Gestaltungsprobleme. Wie werden die Beziehungen an den Schnitt- bzw. Nahtstellen innerhalb der Prozeßkette organisiert? Und wie werden die Anschlüsse nach außen gebildet?

*Prozeßorientierung*
*im Kommunikationsfluß zwischen Kunden und Lieferanten*
*(extern und intern)*

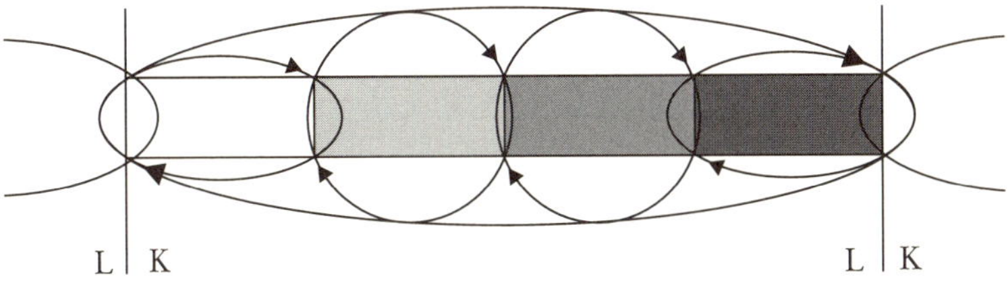


Abb. 5

Diese Probleme verweisen wiederum auf die Architektur der Prozeßorganisation im gesamten Unternehmen: Nach welchen Bildungsprinzipien wird hier gebaut? Wie sind die wenigen Kernprozesse und die Teilprozesse intern verbunden? Wie werden die nach wie vor notwendigen Zentralfunktionen mit der Prozeßorganisation gekoppelt?

Dies sind für den Anfang bereits genügend Fragen, deren Beantwortung einen erheblichen Gedanken- und Abstimmungsaufwand erfordert. Verständlich daher, wenn mancher glaubt, damit sei die konzeptionelle Arbeit des Umgestaltungsprozesses beendet und alles weitere sei ein nachrangiges Thema der Umsetzung.

Aber ein entscheidender und vielleicht der schwierigste Teil der Gestaltungsaufgabe steht noch aus. Im Unterschied zu einem architektonischen Entwurf geht es bei der Umgestaltung der Organisation um Bewegungsformen, um höchst lebendige und widersprüchliche zumal. Menschen sollen bewegt werden – von ihren herkömmlichen Funktionen zum übergreifenden Prozeßhandeln. Und es sind Menschen, die die Prozesse bewegen, ja die sie verkörpern.

Dies vergrößert die Anzahl der Ebenen sowie der Dimensionen im Design oder in der Architektur der Prozesse. Wir haben es mit einem sich überlagernden Plural von Prozessen zu tun. Erforderlich wird ein Change-Management-Prozeß, der den Weg und seine Etappen markiert. Dieser wiederum drückt sich aus und wird zugleich gesteuert durch einen Kommunikationsprozeß.

Ein höchst komplexes Gebilde bereits auf dem Papier, um so mehr in der Praxis. Wer nicht gewohnt ist, auf verschiedenen Ebenen und in instabilen Denkformen zu denken, kann sich leicht in den Fallstricken der Logik verfangen, oder er wird von den Wirbeln der realen Dynamik an einen Ort fortgerissen, wo er wirklich nicht hin wollte.

Es ist evident, daß das Ingenieurfach ebenso wie die betriebswirtschaftliche Disziplin, zumindest in ihren klassischen Ausprägungen, hier allein überfordert sind. Aber auch die praktischen Erfahrungen, solange sie ausschließlich in herkömmlich strukturierten Unternehmensorganisationen gewonnen wurden, haben sich hier sehr bald erschöpft.

Es geht erneut um eine Kombination. Und zwar die Kombination mit Elementen, die zum Teil erst neu gelernt werden müssen: um Bildungsprinzipien, Formprinzipien, Gestaltungsmuster aus anderen Disziplinen oder Gebieten. Und grenzüberschreitende Ausflüge in diese Gebiete sind hilfreich.

Was im Marketing ebenso wie in der Produktentwicklung längst gang und gäbe ist, wenn es um Produkt-Design, Industrial Design oder Communication-Design geht, könnte beispielgebend sein: der Dialog und die enge Zusammenarbeit zwischen Management und professionellen Gestaltern bei der Erarbeitung des Prozeß-Designs und bei der Visualisierung neuer Abläufe. Dieser Dialog könnte sich als fruchtbar für beide Seiten herausstellen.

Es kommt nicht von ungefähr, daß einige der innovativsten Unternehmen in Deutschland ihren Erfolg zum großen Teil dem permanenten kreativen Ideenaustausch mit Gestaltern verdanken. Das Unternehmen Junghans zum Beispiel praktiziert diesen Austausch ständig auf höchster Ebene. Sollte dieses Beispiel nicht Schule machen – auch und gerade bei die Neugestaltung von Prozeßorganisationen?

Lohnend erscheint auch ein Blick in die Denkwerkstätten und Labors von Wissenschaftlern, die als Neurobiologen oder Hirnforscher, als Kybernetiker oder Informationstheoretiker, als Chaos- oder Spieltheoretiker über systemische Zusammenhänge,

Selbstorganisationsprozesse und nichtlineare Dynamik forschen. Nicht daß deren Erkenntnisse einfach übertragbar wären. Aber aus diesen Gebieten lassen sich Anregungen gewinnen für den Umgang mit neuen dynamischen prozeßhaften Mustern, mit Bewegungsformen der Selbstorganisation und Selbststeuerung. Es ist kein Zufall, daß der Ursprung des Begriffs ›fraktale Fabrik ‹ nicht im Betriebswirtschaftsfach liegt. Einige der Unternehmen, die mit dem Aufbau einer prozeßorientierten Organisation bereits sehr weit vorangekommen sind, konnten sich auf diesem Neuland deshalb nur so sicher bewegen, weil sie vorab das Terrain der fraktalen Geometrie erkundet haben. Das gilt insbesondere für den Innovationspreisträger der deutschen Wirtschaft von 1994, die Firma Mettler-Toledo aus dem schwäbischen Abstadt. Die inzwischen komplett prozeßorientierte Organisation mit verschiedenen Prozeßebenen wurde bewußt nach den Bildungsprinzipien einer »fraktalen« Organisation gebaut.

Dies gilt z.B. auch für die Bosch-Siemens Hausgeräte GmbH. Bei dem begonnenen Umbau zu einer sich selbst steuernden Organisation spielte der fraktale Gedanke eine entscheidende Rolle. Es gehe darum, in allen Bereichen und auf allen Ebenen »nach den gleichen Bildungsgesetzen zu bauen«, so Alexander Sattler, Projektverantwortlicher für die Umstrukturierung bei der BSHG, damit » jemand, der in einer peripheren oder tieferstehenden Einheit eine Funktion hat, seine funktionelle Aufgabe in der nächsten Stufe wiederfinden kann«.

Daß wir es bei den genannten Disziplinen teilweise mit sogenannten nichtexakten Wissenschaften zu tun haben, spricht in unserem Kontext nicht gegen, sondern für sie: Es geht um neue Gestaltungsformen in einem Handlungsraum, der nicht mehr von einem klaren Koordinatensystem bestimmt ist. Mit der durchgängigen Prozeßorganisation eines Unternehmens betreten wir Neuland – oder sollten wir sagen: ein neues Spielfeld?

Mit diesen Fragen ist ein weiterer, wirklich radikaler Perspektivenwechsel angedeutet: Wer sich heute mit Reorganisationsplänen befaßt, kann nicht mehr Kästchen malen, oder wenn, dann nur als vorläufige Hilfslinien. Die wirkliche Gestaltungsaufgabe besteht gerade darin, die Kästchen verschwinden zu lassen, d. h.

vom Standbild zum Film zu kommen: Wir befinden uns beim Übergang von der funktionalen zur Prozeßorganisation an einer historischen Schwelle, die der gleicht, »als die Bilder laufen lernten«. Dies ist durchaus wörtlich zu nehmen: nichts steht mehr fest, alles ist in Bewegung. Abläufe sind das Entscheidende, auf den Fluß von Information von und zum Kunden kommt es an. Arbeitsplätze werden je nach aktuellen Aufgaben im Team gewechselt. Und zwar unten ebenso wie oben.

Bei Mettler-Toledo ist das Prinzip der Beweglichkeit in der Fertigung so weit und so konsequent umgesetzt, daß die Monteure »eigentlich keinen festen Arbeitsplatz mehr haben«, wie es der Geschäftsführer Johann Tikart formuliert. »In den einzelnen Meisterbereichen liegen in den Regalen alle Aufträge aus. Der Monteur geht jeden Morgen an das Regal, schaut, ob für seinen Lieblingsarbeitsplatz ein Auftrag ausliegt. Wenn nicht, geht er zu einem anderen Arbeitsplatz.«

Oder nehmen wir das Beispiel der Hewlett-Packard GmbH in Böblingen. Menno Harms, der Vorsitzende der Geschäftsleitung, hat für sich die Regel aufgestellt, jedes halbe Jahr mit seinem kompletten Sekretariat im Unternehmen an einen anderen Ort umzuziehen. Mit anderen Worten: Das Rotationsprinzip wird dominierend. Knut Bleicher spricht von der »Zeltorganisation«, die die bisherige »Palastorganisation« ablöst.

Was sich in den neuen Organisationsformen spiegelt, sind die übergreifenden Bewegungsformen zukünftiger strategischer und operationaler Planung sowie der Selbststeuerung im Unternehmen überhaupt. Die Dynamik instabiler Prozesse und Beziehungen im Unternehmen sowie zwischen dem Unternehmen und seinen Umwelten läßt sich nicht mehr in Standbilder bannen oder in starren Planungsrastern festschreiben. Notwendig ist eine andere Sichtweise der Prozesse und Abläufe, die sich auch in einer anderen Darstellungsweise ausdrücken muß. Etwa wenn es darum geht, die Planungsvorhaben und die Veränderungsprozesse im Unternehmen in einem Leitfaden für die Mitarbeiter vorzustellen.

Zu entwerfen ist eher ein Drehbuch, das von den Akteuren selbst im Verlauf ihrer Interaktionen ständig verändert wird. Zu erarbeiten ist eine Dramaturgie, die das wechselnde Geschehen, die Dynamik und das Widersprüchliche im Kopf vorwegnimmt und in die Handlungsstrategien einwebt. Zu entwerfen und visuell darzustellen sind gleichsam Spielzüge, wie wir es aus dem professionellen Mannschaftssport kennen. An diesen Beispielen läßt sich zeigen, daß der Wandel unserer Vorstellungen von Organisationsformen dem Kopf nichts Außergewöhnliches abverlangt. Flexible, kreislauf- oder spiralenförmige Bewegungsmuster sind uns aus anderen Lebenszusammenhängen vertraut. Sie sind einfacher, natürlicher, d. h. der Evolution besser angepaßt als die geradlinig konstruierten Pyramiden- oder Kastenformen aus der Welt der Organigramme.

Natürlich müssen sie in den Kontext der betrieblichen Abläufe transformiert und in die Sprache des Managements übersetzt werden. Doch wer diesen gedanklichen Perspektivenwechsel vollzieht, hat es in der Praxis erheblich einfacher, eine Prozeßorganisation zum Leben zu bringen. Es fällt sehr viel leichter, kundenorientiert zu handeln, die Effizienz der Verfahren zu steigern und vor allem schneller und innovativer zu werden.

Denn Prozeßschnelligkeit hat etwas zu tun mit der Ökonomie der Formen im Denken und Handeln. Mit der Reibungslosigkeit und dem Rhythmus von schleifenförmigen Interaktionen, von beweglichen und flüssigen Spielzügen.

Hier schließt sich der Gestaltungskreislauf der Erneuerung: von den ersten konzeptionellen Arbeitsschritten eines Designteams und der Gestaltung einer komplexen Architektur der Prozeßorganisation über den Entwurf einer Dramaturgie des Veränderungsprozesses bis hin zu einer visuellen Darstellung und mentalen Einübung der Spielzüge. Spielzüge, die offen sind für die Spontaneität, Kreativität und Flexibilität eigenverantwortlicher Teams.

# 7. Zeichen und Zusammenspiel: Alle Prozesse sind Kommunikationsprozesse

»Wenn die Begriffe nicht stimmen, dann ist das, was gesagt ist, nicht das Gemeinte. Wenn das, was gesagt ist, nicht das Gemeinte ist, gedeihen die Werke nicht.«

*Konfuzius*

Wir haben gesehen: Es ist unmöglich, das Unternehmen umzugestalten, ohne das Verhalten – insbesondere das eigene – neu zu orientieren. Aus dieser Erkenntnis folgt zwingend: Es ist unmöglich, sein Verhalten neu zu orientieren, ohne die Sprache neu auszurichten. Denn mit der Sprache organisieren und vermitteln wir unser gemeinsames Verhalten. Oder wie es der Neurobiologe Umberto Maturana formuliert: »Sprache ist die Koordination der Koordination des Verhaltens.«

In vielen Unternehmen hat sich diese Erkenntnis noch nicht herumgesprochen. Man redet zwar viel von professioneller Kommunikation, meint damit aber in erster Linie die nach außen gerichtete Arbeit der Marketing- bzw. PR-Abteilungen oder den Einsatz elektronischer Systeme. Doch bei der Ausarbeitung von Reorganisationsplänen und Umstrukturierungsprojekten bleibt die Arbeit an der Sprache ausgeklammert, wird das Thema Kommunikation als zweit- oder drittrangig empfunden und als eine Aufgabe der Verpackung angesehen. Und diese Aufgabe kommt bekanntlich erst ganz am Ende, wenn das Produkt rundum fertig gestaltet ist. Aber es geht nicht um Verpackung, sondern um Inhalte: Mehr als 75 Prozent der Tätigkeiten von Führungskräften aller Ebenen haben etwas mit Information oder Kommunikation zu tun. Tendenz steigend, je mehr sich Teamarbeit und Kundenorientierung im gesamten Unternehmen ausbreiten. In einer Wirtschaft, die sich anschickt, zur Informations- und Serviceökonomie zu werden, übernehmen Information und Kommunikation eine soziale Leitfunktion.

Nun sind es in Umbruchzeiten die Ausnahmen, aus denen später die Regeln werden. Es sind die Vorreiter der Erneuerung, die die Selbstverständlichkeiten der Zukunft prägen: »Kommunikation – dieser Begriff durchzieht das Unternehmen, die Produkte und das Unternehmensumfeld wie ein roter Faden«, heißt ein Credo der SAP, des erfolgreichsten Software-Unternehmens Deutschlands. »Zum Eisenacher Geist und zu unserer Teamorientierung gehört auch, daß ständig kommuniziert wird«, ist die Aussage des Personalleiters von Opel Eisenach, Dietmar Hemmie. »Kommunikation gehört zu den Eckpfeilern unserer Leadership-Kultur«, formuliert Egbert Appel aus der Geschäftsleitung der Liechtensteiner Hilti AG. Die Reihe ähnlich lautender Zitate ließe sich beliebig verlängern. Die Unternehmensleiter und Projektverantwortlichen der innovativsten und erfolgreichsten Unternehmen, mit denen ich Werkstattgespräche geführt habe, sprechen der Kommunikation eine zentrale Rolle beim Erneuerungsprozeß zu. Dies hat verschiedene Gründe und unterschiedliche Auswirkungen.

Sprechen wir zunächst von der Information. In-Formationen haben eine formende Kraft. Sie können unsere Gedanken und Vorstellungen formen, unsere Wünsche und unser Handeln prägen. Das macht sie so eminent wichtig. Gerade im Zusammenhang mit der radikalen Neugestaltung des Unternehmens. Wer eine Prozeßorganisation formen will, wer abteilungsübergreifende Beziehungen gestalten will, muß sich dieser Kraft von Informationen bewußt sein. Zu erarbeiten sind klare, einleuchtende und einprägsame Informationen, die einen Unterschied machen zu den traditionellen Organisationsvorstellungen.

Notwendig ist eine sorgsame Arbeit an und mit der Sprache, um das Verhalten im Zusammenspiel neu zu koordinieren. Sprache – ob schriftlich oder mündlich, ob nonverbal oder visuell – vermittelt durch Zeichen-Setzung. Zeichen setzen – und zwar nicht als gedankenlose Redewendung, sondern als bewußte Gestaltungsweise –, darauf kommt es im Erneuerungsprozeß an.

- Zeichen, die mit dem zu Bezeichnenden möglichst deckungsgleich sein müssen: Wenn die Zeichen nicht stimmig sind – insbesondere wenn die Worte nicht mit den Taten übereinstimmen –, sind Paradoxa, Irritationen, Unsicherheiten und Unglaubwürdigkeiten unumgänglich. Jeder kennt z. B. das Phänomen und die Folgen, wenn Führungskräfte zwar ständig von Dialog sprechen, aber nicht zuhören können oder wollen.
- Zeichen, die Sinn vermitteln, indem sie Anschlüsse transparent machen. Anschlüsse zur gewachsenen Identität und Herkunft ebenso wie Anschlüsse zu den künftigen Zielen und Aufgaben im Erneuerungsprozeß.
- Zeichen, an denen man sich neu orientieren kann: Wenn die Zeichen keine verständliche neue Orientierung bieten, werden die, die sie empfangen, die gewohnten Wege weitergehen. Von Kundenorientierung hat man ja schließlich bereits vor einigen Jahren gesprochen.
- Zeichen, die sich einprägen: Wenn die neuen Zeichen nicht wirklich prägend wirken, d. h. weder Energie ausstrahlen noch intensiv eingesetzt werden, werden sie mißachtet und geraten schnell wieder in Vergessenheit.

Bekannt sind die Leitcodes, die unsere Systeme formieren, z. B. Geld und Eigentum für das Wirtschaftssystem. Sie sind uns längst in Fleisch und Blut übergegangen. Wir richten uns mit großer Selbstverständlichkeit – gewollt oder ungewollt – danach. Eine der zentralen Aufgaben der radikalen Neugestaltung besteht genau darin, die Leitvorstellungen der Erneuerung zu codieren. Deshalb sind Leitsätze oder Leitbilder so wichtig für das Gelingen des Erneuerungsprozesses. Es geht um ein »Codieren« neuer Sinn- und Wertvorstellungen, ohne die etwa ein abteilungsübergreifendes Denken und Handeln nur eine Idee bleibt.

Unternehmen, die solche Leitsätze der Erneuerung entwickeln, schaffen Orientierungswissen für alle. Insbesondere dann, wenn diese Grundsätze nicht nur allgemein philosophische, normative Aussagen enthalten, sondern die Anschlüsse zum operativen Tagesgeschäft transparent machen, wie bei den Grundsätzen zum Total Customer Care-Programm der Schott Gruppe. Und wenn sie in einen Prozeß einmünden, der mit konkreten Verantwortlichkeiten zu unternehmensweiten Verbesserungsprojekten führt, wie es z. B. bei der Grundsatzarbeit im TUI-Konzern gelungen ist.

Das besagt, daß es natürlich mit dem Schreiben von Leitbildern und ihrem Verteilen in gedruckter Form nicht getan ist. Im Gegenteil, genau dieses Vorgehen führt schnurstracks in die Sackgasse. Der Charakter des Informationsprozesses muß der Form der Prozeßorganisation angepaßt werden. Der Prozeß braucht ein hierarchie-, abteilungs- und funktionsübergreifendes Zusammenwirken. Dies ist gerade deshalb so wichtig, weil die Informationsgrundlagen über den einzuschlagenden Weg der Terra incognita der Prozeßorganisation ja erst von allen Beteiligten noch gemeinsam erarbeitet werden müssen.

Das gilt ebenso für die Arbeit mit Visionen. Notwendig ist eine sorgfältige Erarbeitung einfacher, einleuchtender und bildhafter Prägungen der Zukunftsvorstellungen. Und diese Arbeit muß gemeinsam erfolgen: Wer eine Unternehmensvision entwirft, konstruiert Wirklichkeit. Eine Wirklichkeit, in der sich die gesamte Organisation wiederfinden soll.

Es wäre deshalb hilfreich und sinnvoll, in diesen Zusammenhängen nicht von Information, sondern von Kommunikation zu sprechen. Der weiterreichende Begriff Kommunikation meint – jenseits des technischen Sprachgebrauchs – entschieden mehr als Information, nämlich Information plus Mitteilung. In dem Begriff Mitteilung steckt das Wort teilen. Damit ist ein reziprokes Verhältnis angesprochen: Die Kommunikation wird erst komplett, wenn das Gegenüber sich als Partner ernst genommen fühlen kann und Gelegenheit erhält, seinen Teil zum Gelingen beizutragen und sich selbst in den Prozeß einzubringen.

Von der Beachtung oder Nichtbeachtung dieses Aspekts hängt es ab, ob Glaubwürdigkeit erzielt wird, ob sich gegenseitiges Vertrauen einstellen kann, ob die Gefühle des anderen verletzt oder respektiert werden. Sind es doch die Ängste und Bedenken, die Gefühle der Überforderung von Mitarbeitern, die nicht nur den Gesprächsfluß, sondern den gesamten Prozeß zum Stocken bringen können. Und es ist der behutsame und sensible Umgang mit diesen Gefühlen, der wieder positive Energien freisetzt. Die Forderung nach einem Empowerment in der Team-Zusammenarbeit, die in der jüngsten Managementdiskussion zu Recht immer wieder erhoben wird, läßt sich ohne Berücksichtigung dieses Aspekts nicht erfüllen.

Kommunikation lebt von einem bewußten Wechselspiel von Partnern, d. h. als Zusammenspiel. Im kleineren Kontext des Teams wie im großen Zusammenhang der gesamten Organisation. Die Prozeßform braucht die Dialogform. Das dialogische Element, das ›Dialegein‹, das gemeinsame Herausfinden im Gespräch, wird zum Element des Gelingens.

Zu den Unternehmen, die diesen Gedanken vorbildlich leben, gehört die Bayerische Hypo-Bank. Hier kann man davon sprechen, daß die Begriffe Umstrukturierung und Dialog fast zu einem Synonym wurden. Die Hypo-Bank hat in den letzten Jahren mit dem *Projekt '91* eine umfassende Umstrukturierung durchgeführt, eine an Kundengruppen ausgerichtete Divisionalisierung durchgängig bis in die 500 Filialen hinein. Hans-Michael Besig, der Leiter der Unternehmenskommunikation, und Werner Münstermann, der Leiter der Unternehmensplanung, führen den Erfolg auf die konsequente dialogische Ausrichtung des Prozesses zurück. «Wir haben auf Basis einer professionellen Kommunikationsstrategie von vornherein sämtliche Betroffene einbezogen. Wir haben das ganze Filialnetz frühzeitig integriert, haben die ersten Ideen gemeinsam in Workshops auf den Prüfstand gestellt. Die offene und freie Diskussion ist bewußt gesucht worden, auf allen Ebenen bis zur untersten Führungsebene.«

Kommunikation ist also keineswegs nur der weiche Erfolgsfaktor, wie oft angenommen wird. Professionelle, integrierte Unternehmenskommunikation zeichnet sich aus durch den präzisen Aufbau von Dialogstrukturen und durch den gekonnten Einsatz sorgfältig abgestimmter Instrumente. Dabei werden künftig vor allem drei Mittel und Wege der Kommunikation eine zunehmende Bedeutung bekommen:

- Die direkte, mündliche face-to-face-Kommunikation des Topmanagements mit möglichst vielen Mitarbeitern.

- Die Visualisierung von Abläufen und Prozessen, von Verbesserungsschritten und Problemlösungsverfahren – von Foliensätzen bis hin zu Wandtafeln.
- Die vernetzte elektronische Kommunikation im gesamten Unternehmen.

Professionelle Kommunikation sichert die Anschlußfähigkeit zwischen eigenverantwortlich, dezentral operierenden Einheiten. Sie ermöglicht die Steuerung als Selbststeuerung des Unternehmens in einer Zeit und in einer Situation, in denen Führungskräfte »nichts befehlen können, in denen sie selbst weder kontrolliert werden noch Kontrolle ausüben können« (Peter F. Drucker). Kommunikation gehört daher nicht erst am Ende, sondern von der ersten Minute an zu den wichtigsten Gestaltungsaufgaben des Topmanagements im Erneuerungsprozeß (Abb. 6).

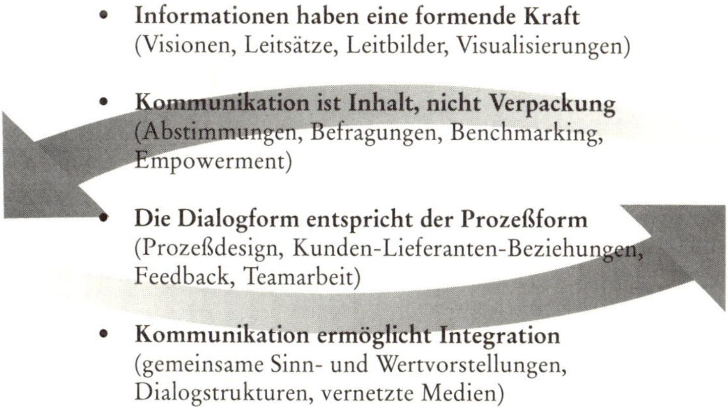


Abb.6: Kommunikation gehört von Anfang an zu den wichtigsten Gestaltungsaufgaben im Erneuerungsprozeß.

# 8. Klarheit und Konsequenz: Orientierungen in einer zunehmend komplexer werdenden Wirklichkeit

»Ich gebe keinen Pfifferling für die Einfachheit diesseits der Komplexität, aber ich würde mein Leben für die Einfachheit jenseits der Komplexität geben.«

*Richter Oliver Wendell Holmes*

Erhebliche Produktivitäts- und Flexibilitätssteigerungen, Prozeß- und Kundenorientierung – die Ziele der Neugestaltung stehen natürlich heute jedem Manager klar vor Augen. So klar wie die Gipfel von Viertausendern bei guter Fernsicht. Und die, die den Aufstieg wagen, sind zwar ganz hervorragende Leute, Hochleistungssportler zumeist, die Strecken allerdings, auf denen sie bislang Erfolge erzielt haben, waren vorgezeichnete Bahnen. Was jetzt vor ihnen steht, ist unerforscht und unwegsam.

Wir sind gewohnt, linear zu denken und linear zu optimieren. Wir sind damit vertraut, auf Wegen, die wir zweidimensional vorzeichnen können, Leistungen zu steigern, das Prinzip ›schneller und höher‹ zu verwirklichen. Widersprüche, sofern es denn welche gab, waren bislang dazu da, aus dem Weg geräumt zu werden. Man konnte klare Richtungen vorgeben:
nach oben – Umsatz und Erfolg;
nach unten – Anweisungen und Entscheidungsdelegation.

Die Zeit dieser Einfachheiten ist vorbei. Das ›Mehr desselben‹ ist nicht mehr die Lösung, sondern das Problem. Natürlich müssen Führungskräfte Ziele setzen und Orientierungen geben. Und zwar je klarer, einfacher und konsequenter, desto besser. So wurde zum Beispiel bei General Electric die Philosophie der *drei S* formuliert:

*Speed* – die Schnelligkeit, mit der sich jeder einzelne auf die Markt- und Kundenanforderungen einstellt.

*Simplicity* – die einfache, direkte und offene Kommunikation quer durch alle Funktionen und Bereiche.

*Selfconfidence* – die Selbstverantwortung und Eigeninitiative aller Mitarbeiter im dezentralen Handeln.

Aber diese Leitbegriffe können insbesondere am Anfang eines das ganze Unternehmen umfassenden Erneuerungswerks nur Anhaltspunkte für die Orientierung sein. Die Orientierungsaufgabe selbst ist zu lösen in einer zunehmend komplexeren und instabilen Unternehmenswirklichkeit. Diese ist gekennzeichnet von einer Fülle von Widersprüchen, gegenläufigen Bewegungsrichtungen, die zunächst im Kopf und dann in der Handlungsrealität gemeistert werden müssen: Die Notwendigkeit, schnelle Verbesserungen der Kosten- und Ertragssituation zu erzielen, und die Nötigung der Langsamkeit von tiefgreifenden Veränderungsprozessen. Der Zwang, die Organisation zu dezentralisieren, und die Pflicht zur Sicherung zentraler Unternehmensziele und der einheitlichen Unternehmensidentität. Die Anforderung, Mitarbeiter auf breitester Basis einzubeziehen, und die Forderung, harte Entscheidungen zu treffen und diese rasch umzusetzen, um handlungsfähig zu bleiben.

Die Widerspruchsfelder, auf denen das Management heute agieren muß, sind damit nur angedeutet. An einer Kernfrage des Erneuerungsprozesses werden diese Widersprüche brennpunktartig zusammengefaßt. Die immer wieder gestellte Frage lautet: Soll der Prozeß top-down oder bottom-up angelegt werden? Um diese Frage gibt es endlose Debatten. Die Verfechter einer Topdown-Strategie können ebenso gute Argumente vorweisen wie die Anhänger eines Bottom-up-Konzeptes. Nur die Argumente bleiben einseitig.

In der Erneuerungspraxis kommt man nur voran, wenn man beide gekonnt – und das heißt in einer durchdachten, dem System angepaßten Bewegungsform – miteinander verbindet. Der Prozeß muß von oben eingeleitet und gebahnt werden. Die Vision, die strategischen Ziele und die allgemeinen operativen Aufgaben müssen von oben nach unten, bis zur untersten Hierarchieebene,

Abb.7: Wasserfall, von M.C. Escher (Lithographie, 1961).

vermittelt werden. Man nennt dies auch *casca-ding*. Aber zugleich muß der Prozeß so angelegt sein, daß er Rückkoppelungen ermöglicht, die den Prozeß selbst verändern können. Ich nenne dies *Re-cascading* (Abb. 7), d. h., dem Informationsfluß nach oben muß die gleiche Aufmerksamkeit gewidmet werden. Mehr noch: Es gilt den Prozeß formal und inhaltlich so zu gestalten, daß er zu einer Selbststeuerung führt: zu einer im Prinzip endlosen Schleife ständiger Optimierungen.

Mit anderen Worten: Das gewohnte Denkmuster des Entweder-Oder paßt nicht mehr. Der einseitige Zugriff auf die Steuerungsaufgabe wird angesichts dynamischer und komplexer Bewegungsabläufe immer weniger tauglich. Realitätsnotwendig wird eine andere, prozessuale und simultane Denkfigur, die des Sowohl-Als-auch. Sie wird zum Schlüssel für den Zugang und den Umgang mit komplexen Bewegungsabläufen.

Das Muster des Sowohl-Als-auch von oben und unten stimmt auch im übertragenen Sinn für das gedankliche Herangehen an den Prozeß: Bei jedem Schitt ist eine Kombination von Abstraktions- und Konkretionsvermögen gefordert. Ob in der Analyse-, in der Design- oder in der Umsetzungsphase.

Es gilt, das Gelände der Organisation aus der Vogelflug- bzw. Hubschrauberperspektive zu erforschen, um einen Überblick über die großen Beziehungszusammenhänge zu bekommen. Und es gilt zugleich, aus unmittelbarer Nähe, im Prozeß des Fortschreitens selbst, die detallierten Wechselwirkungen zu erkunden. Dabei ist das Entscheidende, einen schnellen Wechsel vollziehen zu können zwischen der einen und der anderen Perspektive, um nach einem Abgleich rasch und flexibel agieren und reagieren zu können. Wer sich mit dieser Denkfigur das Sowohl-Als-auch – mag sie am Anfang auch noch so abstrakt erscheinen – vertraut macht, hat es in der Praxis erheblich einfacher, sich in der Prozeßvielfalt der heutigen Unternehmensrealität zurechtzufinden. Die entscheidende Aufgabe, vor der sich heute jeder Manager gestellt sieht, heißt: Reduktion von Komplexität. Nun gibt es – zugespitzt und verkürzt formuliert – zwei Arten, Komplexität zu reduzieren: Die eine besteht darin, sich entweder auf das eine oder auf das andere zu konzentrieren. Und das, was jenseits der Trennungslinie liegt, auszugrenzen. Dies ist die Art, wie man sich neue Probleme schafft. Denn die Komplexität, die man auf der einen Seite reduziert, kommt mit Sicherheit zur anderen Seite unkontrolliert wieder herein.

Die andere Art besteht darin, in der Konzentrationsarbeit sowohl das eine als auch das andere zu berücksichtigen und beides zu integrieren (bzw., sofern das nicht realisierbar ist, zu dem Nichtintegrierbaren Kooperationsbeziehungen zu knüpfen). So werden künftig neue Lösungen entwickelt.

Die Forderung nach sinnvoller Reduktion von Komplexität begründet die bereits an anderer Stelle skizzierten Programme einer integrierten Neuausrichtung von Schott über Mercedes Benz bis ABB. Ein Ausgangspunkt für die Entwicklung des Programms *Customer Focus*, so Dr. Gairola, Mitglied des internationalen Customer Focus-Team von ABB, sei das Thema Komplexität gewesen: »Immer komplexere Produkte erzeugen immer komplexere Fertigungsprozesse. Und immer komplexere Fertigungsprozesse erzeugen immer komplexere Organisationen. Daraus entsteht ein Self-reenforces-System von Komplexität.« Das Programm Customer Focus ziele auf eine Eindämmung der Komplexität, und zwar nicht zuletzt durch die Förderung eines »übergreifenden und ganzheitlichen Denkens und Verhaltens«.

Die Denkfigur des »Sowohl-Als-auch« ist der mentale Schlüssel für die Integrationsfähigkeit. Und die Fähigkeit zur Integration ist die Schlüsselkompetenz für den Umgang mit komplexen Prozessen. Das Sowohl-Als-auch wird deshalb zum Güte- und Echtheitssiegel realistischer Erneuerungsprojekte. Alle einseitigen Konzepte sind der Wirklichkeit ungenügend angepaßt. Sie taugen nur als Klischee, nicht für die Praxis. Die Fähigkeit zur Kombination und Integration zeichnet die Unternehmensleiter und Projektverantwortlichen der Besten – von Mettler-Toledo bis HP – und ihre Erneuerungsprojekte aus:

- Zukünftige Prozesse und Abläufe vorzudenken und zugleich das Gedachte mittels Kommunikation so lange zu formen und zu verdichten, bis die größtmögliche Klarheit und Einfachheit erreicht ist.

- Rationale, ›kopfige‹ Analysen und Strategien mit intuitiven, aus dem ›Bauch heraus‹ entwickelten Einsichten und Visionen zu verbinden.
- Die Prozesse in der Zeit und ihrer Dynamik konsequent gedanklich zu verfolgen und dabei zugleich den Willen und die Energie aufzubringen, sie in der Praxis – unter ständigen Veränderungen – konsequent zum Ziel zu führen.

Die Orientierungen, die durch ein solches Herangehen gewonnen werden, sind klar und glaubwürdig, weil sie im Prozeß überprüft werden können. Und weil diejenigen, die sie aussprechen, den Weg selbst mitgehen, der sich als der zielführende herausstellt.

Für dieses prozessuale Vorgehen braucht man eine besondere Art von Konsequenz: Man muß das Nichtverstehen aushalten. Man muß spüren, daß man in einem Kraftfeld agiert, und darf gerade dann nicht nachlassen, wenn Gegenkräfte wirksam werden. Man muß diese als wichtige Informationen bzw. Energien wahrnehmen und aufnehmen, sie in das eigene Kraftreservoir einspeisen und damit dem eigenen Willen neue Nahrung geben. Erst am Ende kann man sagen: Es ist einfach. Aber dies ist das Ergebnis von gemeinsamer, prozessualer Arbeit: Wahrnehmen, Denken, Handeln, Entwickeln, vermittelt durch Kommunikation.

Aber die Menschen haben ein gutes Gespür für Echtheit und Stimmigkeit. Mitarbeiter, die sich nicht als Gefolgsleute, sondern als Teampartner verstehen, sehen genau hin, was ihre Führungskräfte sagen und denken. Und je mehr dies im Widerspruch steht zur erlebten Realität, um so mehr verstärkt sich der Eindruck von Unglaubwürdigkeit. Nicht durch Einfachheit die Komplexität bewältigen wollen. Sondern durch die Komplexität hindurch zur Einfachheit kommen. Das ist die Kunst.

# 9. Vom »Macher« zum »Spielmacher«: Metamorphosen des Managements

»Es ist alles schön und gut, bis es einen Blitz der Herausforderung gibt. Und dann zählt nichts mehr, außer den persönlichen Qualitäten.«

*Walt Whitman*

Mit der radikalen Neugestaltung anfangen heißt bei sich selbst anfangen. »Wenn Sie von Veränderungen reden, dann nicht von Veränderung bei anderen, sondern bei sich« (Dr. Gairola, ABB). Manager und Führungskräfte beginnen, ihr bisheriges Denken und Verhalten radikal in Frage zu stellen. Es gilt, »alte Denkgewohnheiten hinter sich zu lassen und revolutionär ›kreativ‹ zu denken«, heißt es z. B. in einem internen Positionspapier des zentralen Lean-Projekt-Teams der Firma Herberts. In Frage stellen meint nicht, alles bisher Gelernte über Bord zu werfen, sondern es zu sichten, zu wenden, zu überprüfen und dabei einen Perspektivenwechsel zu vollziehen. Dabei werden Basisfähigkeiten, wie die Fähigkeit zur Kosten-Struktur-Analyse, zur Gewinn- und Ertragsrechnung etc., angesichts der Notwendigkeit, Zeit und Kosten zu optimieren, immer wichtiger. Der Sinn der Erneuerung liegt ja gerade darin, den »Sinn des Unternehmens, Gewinne zu machen«, wie Johann Tikart von Mettler-Toledo es formuliert, wieder neu herauszuarbeiten.

Aber gerade wenn dieses Ziel neu fokussiert wird, ist eine neue Wahrnehmung veränderter Wirklichkeiten von Märkten und Menschen erforderlich. Und es wird vor allem unabdingbar, daß insbesondere das Topmanagement die Neuorientierung nicht nur verkündet, sondern selbst vorlebt. Die Unternehmensspitze muß vorangehen, wenn die radikale Umgestaltung gelingen soll. Diese Einschätzung wird bestätigt durch eine Studie, die Hans-Jörg Bullinger und das Fraunhofer-Institut für Arbeitswirtschaft und

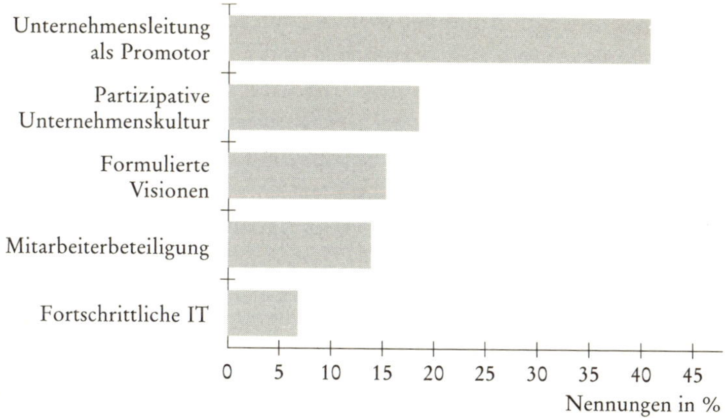


Quelle: Business-Reengineering-Studie 1994 – Prof. Hans-Jörg Bullinger – Fraunhofer-institut für Arbeitswirtschaft und Organisation, Stuttgart

Abb. 8: Kritische Erfolgsfaktoren für Projekte einer radikalen Neugestaltung

Organisation 1994 durchführten, um den Stand der Umstrukturierungsprozesse in deutschen Unternehmen zu untersuchen.

In dieser Studie wird die »Unternehmensleitung als Promotor« zum wichtigsten »kritischen Erfolgsfaktor« erklärt (Abb. 8). Die folgenden Nennungen zeigen, wie diese Promotorenrolle zu verstehen ist:

partizipative Unternehmenskultur (Erfolgsfaktor Nr. 1),
formulierte Visionen (Erfolgsfaktor Nr. 2) und
Mitarbeiterbeteiligung (Erfolgsfaktor Nr. 3).

Beleuchten wir die Promotorenrolle aus der Sicht des Kunden: Es gibt heute kein Unternehmen, das in seinen internen und externen Dokumenten nicht den Kunden in den Mittelpunkt stellen würde. Aber diese Dokumente sind nicht das Papier wert, auf dem sie gedruckt sind, wenn dem Kunden und seinen Wünschen nicht in der Praxis höchste Priorität eingeräumt wird. Und Priorität heißt, daß die Unternehmensspitze sich persönlich um die Kunden kümmern muß. Alle Statistiken und Erfahrungen lehren, daß nur dort, wo der Vorstand bzw. die Geschäftsführung Kundenorientierung selbst praktiziert, der kundenorientierte Anspruch als glaubwürdig empfunden wird. Radikal neu gestalten heißt deshalb: Das Topmanagement ist als erstes und als stärkstes gefordert, neu zu lernen. Die Zeit ist vorbei, in der man auf seine bisherigen Erfolge und Erfahrungen pochen durfte und das Thema Aus- und Weiterbildung als Aufgabe an die Personalentwicklung verweisen konnte.

Die Besten fangen bei sich an, d. h. ganz oben: Workshops und Seminare, in denen ein neues kundenorientiertes Verhalten und kreative Problemlösungstechniken die Themen sind, werden als erstes vom Vorstand oder der Geschäftsführung durchgeführt. Das gilt für ABB ebenso wie für Schott, für Opel Eisenach oder für Hilti. Mehr noch: Der Vorstand bzw. die Geschäftsführung übernimmt in einigen Unternehmen selbst die Aufgabe, das Gelernte weiterzugeben und als ›Trainer‹ zu fungieren, wenn die gleichen Seminare oder Workshops in der nächsttieferen Hierarchieebene stattfinden. Als erster lernen und das Gelernte selbst weitergeben gehört zu den Charakteristika jeder Führungskraft im Erneuerungsprozeß. Dies gilt für alle Bereiche und für alle Hierarchiestufen bis zur Produktion.

Gerade in der gruppenorientierten Fertigung spielt das Lernen als Teil des kontinuierlichen Verbesserungsprozesses eine entscheidende Rolle und verändert die Führungsaufgaben des Gruppenleiters. Mit all den genannten Herausforderungen, neuen Aufgaben in der Prozeßgestaltung und in der Teamarbeit verändert und erweitert sich das Rollenverständnis von Führungskräften.

Der Erneuerer muß weit mehr als bisher in der Lage sein, vorauszudenken, zukünftige Entwicklungen gedanklich vorwegzunehmen, rasch sich verändernde Umfeld-, Markt- und Kundenanforderungen aufzuspüren und zu antizipieren sowie diese Erkenntnisse in die Organisation einzubringen. Und zwar auf eine Weise, daß diese in die Lage versetzt wird, selbst schneller und flexibler zu werden. Die Fähigkeit des Managements, Visionen zu entwickeln, und zwar als realistische, praxisfähige, energiegeladene Leitvorstellungen, die dem Unternehmen neue Impulse geben, wird zur Führungsvoraussetzung. »Visionen gehören ins Tagesgeschäft«, sagt Hans-Dieter Laidig, Mitglied der Geschäftsleitung von Hewlett-Packard in Böblingen. Und Egbert Appel, das Vorstandsmitglied der Hilti AG, formuliert: »Führen heißt den Menschen erstens eine Vision vermitteln, wo ich hin will, und ihnen klarmachen, was der Vorteil für das Unternehmen und für den Mitarbeiter ist und was die Risiken für das Unternehmen und die Mitarbeiter sind. Zweitens den Sinn dieser Vision vermitteln, nicht nur die Vision an die Wand werfen, sondern mit den Mitarbeitern darüber reden, wie sie sich in dieser Vision zurechtfinden können, wo ihr Platz ist.«

Immer wieder heißt es in Führungsgrundsätzen und CI-Leitsätzen vieler Unternehmen, daß Führungskräfte mit gutem Beispiel vorangehen und eine Vorbildfunktion übernehmen sollen. Alle gelungenen Erneuerungsprojekte zeigen, daß und wie diese Vorbildfunktion zu konkretisieren wäre. Es geht dabei weniger um die Übernahme einer Funktion als um die Lösung von Gestaltungsaufgaben: »In business, as in art, what distinguishes leaders from laggards, and greatness from mediocrity, is the ability to uniquely imagine what could be.« (Hamel/Prahalad)

Das bedeutet, die Führungskraft bzw. der Manager wird zum ›Vorbildner‹. Es kommt darauf an, die künftige Gestalt der Prozesse vorzudenken, sie in der Auseinandersetzung mit Widerständen, unter gekonntem Einsatz von Techniken und vor allem gemeinsam mit den Mitarbeitern herauszuformen bzw. herauszubilden.

Delegation heißt also nicht Wegdelegation, Übergabe von Verantwortung, nicht Abgabe. Der Vorgesetzte, der seine Rolle als Coach versteht, versteht es, im Akt der Übergabe Know-how zu übermitteln und Rat zu geben. Nicht von oben herab, sondern als Partner im Prozeß.

Die Kunst der Erneuerung besteht deshalb vor allem in der Gestaltung von Beziehungen. Der unmittelbaren Beziehung im Team wie der mittelbaren in der gesamten Organisation. Es sind Vertrauensbeziehungen oder »Bündnisbeziehungen« (Max de Pree) quer durch die Hierarchieebenen – insbesondere mit dem mittleren Management – zu entwickeln. Es ist ein Zusammenspiel zu organisieren, das Mitarbeiter, die bislang nur als Funktionsträger, Fachkräfte oder Sachbearbeiter eingestuft wurden, in Mitspieler verwandelt. Der Manager durchläuft eine Metamorphose vom Macher zum Spielmacher.

Der Ausdruck Spiel ist mehr als eine Metapher. Ganz gleich, ob man dabei an Bilder aus dem Sport denkt, an Spielszenen des Films, des Theaters oder der Musik, oder ob man Kategorien der sozialen Systemtheorie vor Augen hat: es kommt heute in den Unternehmen darauf an, Teams oder Ensembles zu formen, die ein neues Spiel erlernen und damit Höchstleistungen im Zusammenspiel erzielen. »We are playing a different game«, heißt es bei ABB. Mit diesem Perspektivenwechsel rückt ein Aspekt des Führens wieder stärker ins Blickfeld, der vitale Unternehmerpersönlichkeiten im Unterschied zu den bloß versierten Geschäftsführern schon immer auszeichnete: die Kunst, Menschen zu führen.

# 10. Eigenverantwortung und Kreativität: Menschen führen, heißt Menschen entwickeln

»Was hinter uns liegt und was vor uns liegt, sind winzige Angelegenheiten im Vergleich zu dem, was in uns liegt.«

*William Morrow*

In einer Zeit des verschärften Wettbewerbs, in der man aus den Chefetagen der meisten Unternehmen nur von einschneidenden Sanierungsmaßnahmen, von knallhart definierten Kernkompetenzen und Geschäftsfeldern, von nüchternen Kosten-Struktur-Analysen und Konzepten zur Ergebnisverbesserung, von Straffung der Organisations- und Businesspläne hört, ist in anderen auffallend häufig und intensiv von Menschen die Rede. Man könnte abschätzig über die Realitätsferne spotten, wüßte man nicht, daß es sich hier um die Unternehmen handelt, die auf den Märkten am erfolgreichsten sind.

»Menschen führen, heißt Menschen entwickeln« ist einer der Kerngedanken der Leadership-Kultur der Hilti AG. Zu den vornehmsten Pflichten der Führung bei Mettler-Toledo gehört die Pflicht zum »Abbau von Ängsten, damit Vertrauen entstehen kann«, und Johann Tikart formuliert: »Nach unserem Verständnis ist die einzige Ressource, die uns die erforderliche Anpassungsfähigkeit für die Markterfordernisse bringen kann, der Mensch selbst.«

Diese Aussagen beruhen auf der Erkenntnis, daß auch und gerade die hochgesteckten Ziele sich nur realisieren lassen, wenn die Mitarbeiter sie selbst realisieren. Eine triviale Erkenntnis, so scheint es, aber darin verbirgt sich vielleicht der radikalste Paradigmenwechsel, der in den Köpfen zu vollziehen ist.

Der bislang so erfolgreiche Taylorismus setzte auf das Funktionieren eines Systems, in dem der Mensch ausführendes Organ war, Teil eines wie ein Räderwerk ineinandergreifenden Funktionsmechanismus. Ja mehr noch, der Mensch wurde nur als Lieferant von Teilfunktionen benötigt, d. h., der Mechanismus funktionierte um so besser, je mehr der Mensch vom Einsatz seiner anderen Fähigkeiten absah. In der neuen, prozeßorientierten, post-tayloristischen Arbeitsweise ist das Individuum zwar auch Teil eines Systemzusammenhangs, aber es sind gerade nicht die Teilfunktionen, sondern die übergreifenden, interdisziplinären, integrierenden Fähigkeiten, auf denen der Erfolg des Zusammenspiels vor allem beruht.

Damit rückt der Mensch tatsächlich in den Mittelpunkt. Nicht als Lippenbekenntnis formuliert aus taktischen Motiven, sondern als unbedingte Forderung aus ökonomischer Notwendigkeit. »Das dynamische Unternehmen hat keine andere Wahl: es muß den Menschen in den Mittelpunkt stellen«, formulieren Cuno Pümpin und Jürgen Prange als eine Quintessenz ihrer Untersuchungen über ein professionelles Management der Unternehmensentwicklung. Die Praxis zeigt, daß selbständig operierende Mitarbeiter, Teams, die ihre Aufgabe selbst organisieren und ihre Prozesse selbst steuern, zur wichtigsten Quelle der Produktivitätssteigerung und damit Ergebnisverbesserung werden. Schlicht und einfach ausgedrückt: Es wird einfach zu teuer, den Mitarbeitern wie bisher nur eingeschränkte Befugnisse zu überlassen. »Das Ideenpotential der Mitarbeiter ist die größte Einsparquelle«, sagt Wilhelm Kempf. Er hat als Produktionschef von Kässbohrer in Ulm in eigener Regie und in einer Zeit, als die Unternehmenseigner weitgehend mit ihren eigenen Problemen beschäftigt waren, eine neue kundenorientierte Omnibusfertigung, die als die modernste in Europa gilt, aufgebaut. Mit selbständigen Montagegruppen, die als Unternehmen im Unternehmen arbeiten, wurde die Produktivität deutlich erhöht. Kempf erzählt dazu eine Geschichte, die seine These eindrucksvoll belegt: »Als wir die neue Blechzelle ins Laufen gebracht hatten, kam eines abends ein Kollege aus der Zelle zu mir und sagte zu mir: ›Der Blechhersteller berechnet uns zuviel.‹« Die Tiefziehbleche werden auf einer Europapalette angeliefert und zum Schutz gegen Beschädigungen mit einer Stahlplatte abgedeckt. Die Schutzplatte wurde ebenso mitgewogen wie die Holzpalette; die Lieferfirma hat also brutto für netto berechnet. »›Was sollen wir tun?‹ war die Frage des Mitarbeiters. Meine Antwort war: ›Du fährst morgen mit dem IC zu dem dortigen Geschäftsführer und regelst das selbst mit ihm. Sag ihm, daß er dadurch dein junges Unternehmen ruiniert.‹ Er tat das und kam zurück mit einer Gutschrift. Ich habe ihm eine Prämie dazugegeben. Das war ein tolles Erfolgserlebnis für die Kollegen. Es hat sich herumgesprochen, daß es sich lohnt, wenn wir uns weiter so bewegen und selbst die Verantwortung übernehmen.«

Ein ebenso beeindruckendes Beispiel stammt aus dem Hotel Schindlerhof in Nürnberg, das zur Spitzengruppe der ertragsstärksten Gastronomiebetriebe in Deutschland gehört. Wenn Klaus Kobjoll und sein Team davon sprechen, die Mitarbeiter einzubeziehen und ihnen Verantwortung zu übergeben, dann meinen sie wirklich alle Mitarbeiter, einschließlich der Auszubildenden. Es beginnt damit, daß auch die Auszubildenden mit allen Betriebsdaten anhand der DATEV-Auswertung vertraut gemacht werden. Im weiteren Verlauf ihrer Ausbildungszeit werden sie systematisch an Führungsaufgaben herangeführt. So sind die Auszubildenden zum Beispiel voll verantwortlich – mit allen Budgets und Kompetenzen – für die Realisierung eines innovativen Umweltkonzepts, das mehrfach vom Bayerischen Umweltministerium ausgezeichnet wurde.

Mitarbeitern Entscheidungskompetenz geben – was sich so einfach sagt, ist wahrscheinlich die schwierigste Aufgabe für das Management, d. h. der für den Kopf am schwersten nachvollziehbare Teil des Paradigmenwechsels. Abgeben heißt loslassen. Loslassen können vor allem von der Macht, die einem im Laufe der Zeit durch die eigenen Professionalität und durch die eigenen Erfolge zugewachsen ist. Loslassen können von der eingefleischten Gewohnheit, zu regulieren und zu kontrollieren, was sich auf den tieferen Hierarchiestufen abspielt. Aber mit dem alten Leitspruch »Vertrauen ist gut, Kontrolle ist besser« läßt sich keine Vertrauensorganisation schaffen. Eigenverantwortung und Fremdkontrolle vertragen sich nicht. Peter Büth, Leiter der Werke der Boge GmbH, einer der führenden Zuliefererfirmen der europäischen Automobilindustrie, weiß davon zu berichten. Die Boge GmbH gehört zu den ersten Unternehmen, die das Modell der Gruppenarbeit in Produktionsinseln eingeführt haben. Nach den Erfahrungen von Peter Büth hängt der Erfolg der Produktionsinseln davon ab, daß die gesamte Verantwortung für die Qualität und für die Abstimmung mit dem Kunden in den Inseln selber liegt. »Die Mitarbeiter müssen wirklich vollständig verantwortlich gemacht werden. Die alten Kontrollmechanismen müssen abgebaut werden. Meine Erfahrung ist, je freier die Mitarbeiter arbeiten können, desto erfolgreicher sind sie.«

Natürlich gilt dies unter der Voraussetzung, daß die Gestaltung des Erneuerungsprozesses insgesamt stimmig ist, mit eingespielten Formen der Rückkoppelung, mit präzisen Codes und einleuchtenden Spielregeln, unterstützt von intelligenten DV-Technologien, flankiert von flexiblen Entlohnungssystemen und begleitet von systematischen Qualifizierungsbemühungen.

Wenn der Prozeß selbst so angelegt ist und so geführt wird, daß die Menschen sich in ihm entwickeln können, bilden sich Kraftzentren der Selbststeuerung, entsteht eine Selbstorganisation, die weitaus flexibler und leistungsfähiger ist als die herkömmliche, die mittels Kontrollmechanismen funktionierte.

Das Loslassen und Aufgeben von Kontrollmechanismen ist deshalb ein Gebot, weil das Entscheidende, was damit im Unternehmen bewirkt und gewonnen werden soll, nicht zu verordnen ist und nicht unter Kontrollbedingungen entstehen kann: die Kreativität. Kreativität ist die wichtigste Ressource der neuen prozeßorientierten Organisation und zugleich das wesentliche Unterscheidungsmerkmal gegenüber der alten tayloristischen Arbeitsorganisation. Ob Gruppenarbeit in der Fertigung oder Teamarbeit im Servicebereich: Der Mehrwert für den Kunden beruht auf kreativen Leistungen eines Zusammenspiels.

Kreativität heißt, vorher Getrenntes zu kombinieren, heißt, verschiedene Informationen zusammenzuführen und zu verknüpfen, heißt, etwas Neues zu schaffen und neue Lösungen zu erzeugen. Genau dies wird ermöglicht in der prozeß- und kundenorientierten Kultur eigenverantwortlicher Teams: die Kombination von technischen und sozialen Aufgaben in einem übergreifenden

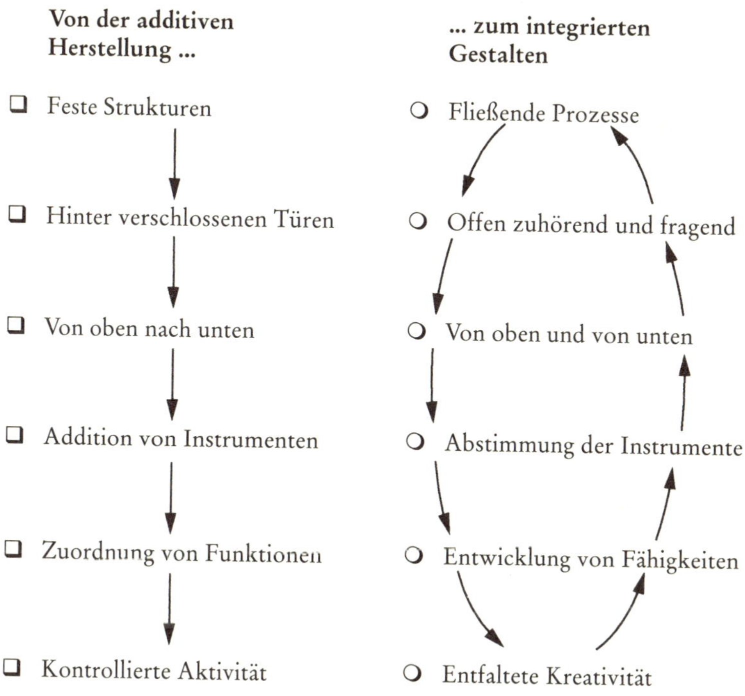


Abb. 9: Der Unterschied: Vom tayloristischen zum post-tayloristischen Herangehen

systemischen Vorgehen (Abb. 9); das Zusammenführen und Verknüpfen von Anforderungen der – externen und internen – Kunden mit den Angeboten der – externen und internen – Lieferanten; das Schaffen von verbesserten Abläufen, Produkten und Dienstleistungen und das Erzeugen von schnelleren, effizienteren Lösungen für die Märkte von morgen.

Ob kleinste, relativ rasch entwickelte Verbesserungen alltäglicher Verfahren oder große Innovationen, die einen längeren Entwicklungszeitraum beanspruchen: der gedankliche Weg der Erneuerung mit seiner simultanen Lösungsbearbeitung in einem ständig sich rückkoppelnden Prozeß entspricht dem realen Weg der

Erneuerung in einer im Prinzip endlosen Schleife ständiger Optimierungen.

Die Kunst der Erneuerung erreicht ihr Ziel, wenn sie zum Weg wird. Das heißt, wenn sie als Bewegungsform im Denken und Handeln selbstverständlich wird: im großen – im übergreifenden Prozeß der Unternehmenssteuerung – ebenso wie im kleinen, alltäglichen Teamprozeß. Sowohl oben – d. h. in der Herangehensweise des Topmanagements – als auch unten – d. h. in der Arbeitsweise sich selbst steuernder Teams.

Die radikale Neugestaltung des Unternehmens zielt im Kern auf eine radikal neue Stellung des Menschen im Produktions- bzw. Dienstleistungsprozeß. Nicht der Technisierungs- oder Automatisierungsgrad entscheidet letztlich über die Wettbewerbsfähigkeit, sondern das eigenverantwortliche und kreative Handeln der Menschen. Ohne Beachtung der Techniken wird nichts gelingen. Ohne Achtung der Menschen wird nichts gedeihen.

# Teil B:
# Werkstattgespräche

## *Berichte aus der Praxis der Erneuerer*

Die folgenden Beiträge basieren auf ausführlichen, mehrstündigen Gesprächen. Der Originalcharakter der gesprochenen Sprache wurde bewußt beibehalten. Die Authentizität und die Spontaneität der im Verlauf der Gespräche geäußerten Gedanken sollten nicht durch eine Schriftsprache geglättet oder eingeebnet werden. Die redaktionelle Überarbeitung beschränkte sich auf zwei Punkte:

- Die Gesprächsaufzeichnungen wurden natürlich für den Zweck dieser Publikation stark verdichtet.
- Die ursprüngliche Frage- und Antwortform wurde in eine Erzählform umgewandelt, damit der Leser den Fluß der Argumentation ohne Unterbrechungen verfolgen kann.

# *Mettler-Toledo: »Realisierte Visionen«*

Wer wieder Gewinne erzielen will, muß zuerst die Menschen gewinnen.

Der Waagenhersteller Mettler-Toledo, 1994 ausgezeichnet mit dem Innovationspreis der deutschen Wirtschaft, gehört zu den deutschen Unternehmen, die am konsequentesten die klassische Arbeitsteilung aufgehoben haben. Die »vornehmsten Pflichten der Führung« bei Mettler-Toledo beinhalten eine neue Haltung zum Menschen, d. h. ein neues Verhältnis zu den Mitarbeitern. So wurden und werden Kräfte freigesetzt für die Realisierung der Vision eines Unternehmens der Zukunft: von der absatzgesteuerten Produktion ohne jegliche Lagerhaltung über die synchrone Produktentwicklung bis zur Zeitautonomie aller Mitarbeiter, für die nur ein Termin heilig ist: der Liefertermin.

## *Der Not gehorchend das Unternehmen neu gestalten*

Als wir Mitte der 80er Jahre begannen, das Unternehmen neu zu gestalten, hatten wir keine Ahnung, wohin uns der Weg führen wird. Wir sind der Not gehorchend zunächst einmal an das Problem herangetreten, das uns am meisten bedrängte. Und nach und nach erlebten wir, daß eins ins andere greift und die Veränderungsprozesse auch in anderen Bereichen notwendig wurden. Zwischenzeitlich ist fast das ganze Unternehmen neu gestaltet worden. Wir sind nicht von irgendeiner ausgesprochenen Unternehmensphilosophie ausgegangen, sondern sind einem bewußten inneren Werteverständnis gefolgt.

## *Das erste Problem: die Produktion*

Das erste Problem, das wir angegangen sind, war unsere Produktion. Wir hatten eine Produktion, die up-to-date ging sowohl von der technischen Einrichtung als auch von der Steuerung, und hatten außerdem eine Fließfertigung, Fließmontage und eine stark EDV-unterstützte Materialwirtschaft sowie eine programmge-steuerte Produktion. Was wir dann erleben mußten, war, daß die Vorhersagegenauigkeit des Produktionsprogramms immer schlechter wurde. Die Dynamisierung der Märkte, ihre zunehmende Fragmentierung und die Differenzierung der Kundenbedürfnisse führten immer mehr zu einer Ausweitung des Produktionssortimentes, und damit war die Zuverlässigkeit der Vorhersage sehr schlecht. Konsequenz: hohe Lagerbestände, schlechte Lieferfähigkeit und unzufriedene Kunden, unzufriedene Mitarbeiter.

## *Unternehmensziel Flexibilität*

Das Unternehmensziel, das wir uns damals gaben, lautete: Entwicklung der Eigenschaft, im höchsten Maß anpassungsfähig zu sein gegenüber den sich permanent verändernden Bedingungen und Chancen des Marktes, ohne dabei Kostennachteile in Kauf nehmen zu müssen. Wir waren uns eigentlich von Anfang an im klaren: Menschen sind nicht veränderungsfähig, wenn sie aus dem satten, zufriedenen Zustand heraus handeln. Wir fühlten uns hier in der Not. Vielleicht auch deswegen, weil ich die Aufgabe Produktion neu übernommen hatte. Von Haus aus Entwickler und nach 20-jähriger Entwicklungstätigkeit in unserem Unternehmen mit dem Aufbau der Qualitätssicherung und der Leitung der Produktion beauftragt, mochte ich mich mit dem nicht abfinden, wo vielleicht alte Produktionshasen schon längst wissen, das ist halt so.

## *Negative und positive Vision*

Aus dieser Not heraus entwickelten wir die Vorstellung: Wie schön wäre es denn eigentlich, wenn es anders wäre. Und zwischenzeitlich ist das unser grundsätzliches Vorgehen. Wann immer wir eine Neugestaltung haben möchten, dann ziehen wir uns in eine Klausur zurück, so für 1 ½ Tage – das beginnt mit Kaffee und Kuchen. Anschließend ist es mein Job, die Notsituation darzustellen, das Leid zu entwickeln, und zwar so, daß wir den bitteren Kelch des Leides bis zur letzten Neige austrinken, keine Abschwächungen wie »Na ja, wir haben schon schlimmere Situationen überstanden, das wird ja schon irgendwie, wir schaffen es schon« zulassen. Bis wir alle im Herzen spüren, so darf es nicht sein, das ist niederschmetternd. Das ist die Situation, und am späten Abend ziehen wir uns zurück und lassen unserem Unterbewußten eine Chance, nachts zu arbeiten. Am nächsten Morgen entwickeln wir die Euphorie, die genaue Umkehrung dessen, was uns schmerzt. Bei der programmgesteuerten Produktion waren es die hohen Lagerbestände, die schlechte Lieferfähigkeit und die Fehlteile. Und dann sagten wir uns: Wie schön wäre es denn eigentlich, wenn wir eine Produktion hätten, die überhaupt keine Lagerbestände hätte, lagerlos. Ein System, das mit fixen Lieferterminen arbeitet und in dem man gar keine Fehlteile haben kann. Wie schön wäre das. Wie dramatisch würden sich unsere betriebswirtschaftlichen Kennzahlen verändern. Hier geht es vor allen Dingen darum, den Gipfel der Begeisterung, der Euphorie bis nach oben zu besteigen, bis wir so begeistert sind, daß wir es wirklich haben wollen. Und wenn wir dann oben sind, dann stellen wir uns die Frage: Und was hindert uns, das morgen so zu machen? Und nach unserer Erfahrung sind dann in der Regel die Hindernisse nur noch furchtbar klein. Dann ist es möglich, innerhalb von einer bis drei Stunden auf der Flip-Chart einen Maßnahmenkatalog mit Terminen und Zuständigkeiten zu fixieren. Das ist das Ende der Klausur. Auch bei der Einführung der absatzgesteuerten Produktion sind wir so vorgegangen. Zunächst im Führungskreis und dann nachher in einem sehr großen Kreis, da waren alle Beteiligten in Klausur. Den Kreis der Beteiligten weite ich dabei lieber aus, so daß sich niemand ausgeschlossen fühlt, und bei der Einführung der ASP waren es weit über 100 Menschen, einschließlich der Monteure, gewesen.

## *Erfolgserlebnisse*

Nun hält diese Anfangseuphorie ja nicht ewig an. Viele Veränderungsprozesse sind ja Prozesse, die starke Verhaltensveränderungen, welche bekanntlich nicht per Beschluß geschehen, notwendig haben. Unserer Erfahrung nach dauert es etwa drei Jahre, bis es vom Kopf zum Herzen gelangt. Und so lange können wir nicht warten. Zumal der Prozeß mit Sicherheit auch gar nicht beginnen würde, wenn wir warten würden. Es hat sich als notwendig erwiesen, sechs Monate nach Start den Beteiligten ein markantes Erfolgserlebnis zu bescheinigen. Dieses Erfolgserlebnis kann dann vollends tragen. In dieser Phase ist es nun wiederum mein wichtigster Job, vorher schon zu überlegen, worin dieses Erfolgserlebnis denn begründet sein kann, und ich muß auf jeden Fall sicherstellen, daß es eintritt, denn sonst scheitert das Vorhaben vorher. Bei der Einführung der absatzgesteuerten Produktion hatten wir unter unseren hohen Lagerbeständen gelitten. Das Erfolgserlebnis war, daß wir innerhalb eines halben Jahres die Lagerbestände halbiert haben. Wir haben 10 Mio. DM freigemacht. Darauf war jeder Mitarbeiter stolz, auch die, die gar nicht beteiligt waren. Jeder war stolz. Was natürlich voraussetzt, daß diese Daten permanent allen Beteiligten bekannt sein müssen. Ein anderer wichtiger Effekt ist der – um auch wiederum auf das *Wie* zurückzukommen –, wann immer wir uns entschlossen haben, etwas zu tun, nach allen vorangegangenen Für-und-Wider-Diskussionen, von dem Moment an, wo wir sagen, »ja, wir machen das«, ist es nicht mehr gestattet, irgendeine Ja-aber-Diskussion zu führen. Es ist nicht mehr gestattet, daß Menschen glauben, ihre Professionalität, ihr Sachverstand, ihre Kompetenz und ihr Verantwortungsbewußtsein dadurch beweisen zu müssen, daß sie jetzt noch das Haar in der Suppe suchen

## *Widerstände und Ängste*

Natürlich gab es Widerstände. Aber die entscheidende Frage ist: Wie geht man damit um? Die Reaktion auf der Werkerebene war eher folgende: »Meint ihr das wirklich ernst?« Auf der Vorgesetztenebene gab es keine erheblichen Widerstände, aber es entstand natürlich eine Menge von Ängsten, weil jetzt von diesen Vorgesetzten eine andere Rolle erwartet wurde. Er ist nicht länger der Vorgesetzte, der sagt, wie etwas zu geschehen hat, sondern eben der Coach, der sein Team befähigt, etwas zu tun. Und diese Menschen, die ja erst mit einer bestimmten Fähigkeit Vorgesetzte geworden sind, sollten jetzt etwas ganz anderes können. Natürlich hatten sie da Befürchtungen, die neue Aufgabe nicht bewältigen zu können.

## *Zuerst die Menschen gewinnen*

Damit komme ich zu einem zentralen Punkt: Wann immer man etwas neu gestalten möchte, sei es klein oder groß, muß man immer zunächst die Menschen gewinnen. Ich sage diesen Spruch oft, und jeder stimmt mir zu. Nur wenn man in die Realität schaut, wie wir uns denn tatsächlich verhalten, dann erleben wir es doch, daß wir uns meistens so verhalten: »Wir haben ein Problem, kommt, laßt uns mal zusammensitzen, um wie vernünftige Menschen eine vernünftige Lösung zu finden.« Und damit ist es schon gescheitert. Denn all das, was in den Menschen drinsteckt, ihre mentalen Probleme, ihre Ängste, ihre Emotionen, das fällt alles unter den Tisch. Am Ende steht eine vernünftige Lösung, der man nicht widersprechen kann und die dennoch von niemandem wirklich getragen wird. Erst wenn man die Menschen gewonnen und sie begeistert hat, ihre Zustimmung hat, dann ist die Lösung der damit verbundenen sachlichen Probleme so einfach. Es sind gar keine Probleme, und viele Dinge gehen dann sehr viel leichter. Es sind immer die Menschen, die man zuerst gewinnen muß.

## *Offenheit und Vertrauen*

Wenn ich einem Menschen gegenübersitze und ich möchte etwas von ihm haben und ich spüre, da ist etwas, dann ist die Frage, die mich bewegt, doch immer eigentlich die: »Wovor hat er jetzt Angst, wovor fürchtet er sich denn?« Es sind ja eigentlich immer Ängste, die in den Menschen stecken und verhindern, daß man Vertrauen hat und daß Offenheit entsteht. Wovor fürchtet er sich, was ist denn seine Sorge? Wenn ich die begriffen habe und ich dem entgegenkomme und sage, diese Sorge ist unbegründet, wir machen das so und so, dann kann ich Menschen gewinnen. Aber wenn ich seine Sorgen nur verstärke, dann geht es nicht. Ich meine, wir kennen ja alle auch solche Gespräche, in denen vielleicht der Vorgesetzte zu seinen Mitarbeitern sagt: »Also, ich erwarte von dir einfach mehr Offenheit.« Dann ist es schon passiert. Die Forderung nach Offenheit erzeugt im andern Ängste, er fragt sich, was will der noch von mir wissen. Offenheit entsteht nur auf der Basis von Vertrauen. Ich kann zu niemandem offen sein, dem ich nicht vertraue. Vertrauen entsteht auch nicht von allein oder wenn ich mich abwartend verhalte: Mal schauen, ob der andere meines Vertrauens würdig ist. Dann passiert gar nichts. Nur wenn ich anderen, mir Unbekannten, zu verstehen gebe, ich vertraue dir, so daß er es versteht, und wenn ich das Vertrauen selbst dann aufrechterhalte, wenn er mich das erste, das zweite, das dritte und das vierte Mal enttäuscht. Deshalb lautet eine der drei vornehmen Pflichten für die Führung des Unternehmens: Abbau von Ängsten, so daß Vertrauen entstehen kann, daß Offenheit entsteht, daß man gemeinsam die Zukunft gewinnen kann.

## *Die einzige Ressource, die uns hohe Beweglichkeit bringen kann*

Unser Ziel ist der wirtschaftliche Erfolg. Das heißt: Garantien für das Heute und Morgen sicherzustellen, wobei das Morgen sicherlich der schwierigere Teil der Übung ist. Der Schauplatz des Geschehens ist, wie das Wort schon sagt, der Markt. Der Markt ist der einzige Indikator dafür, ob das, was wir tun, im Sinne des Unternehmens gut oder nicht gut ist. Einzig und allein der Markt ist der Gerichtsherr. Wenn wir aber sehen, wie fragmentierter der Markt heute wird, wie dynamischer, wie differenzierter die Kundenbedürfnisse werden, dann heißt das, wir brauchen die Fähigkeit einer sehr hohen Beweglichkeit, einer hohen Anpassungsfähigkeit an die sich ständig verändernden Bedingungen des Marktes, und nach unserem Verständnis ist die einzige Ressource, die uns diese hohe Beweglichkeit bringen könnte, der Mensch selbst. Nur er allein kann das. Die Konsequenz daraus ist, daß dann der Mensch auch im Mittelpunkt stehen muß, und zwar nicht im Sinn einer Sonntagsrede. Und das ist genau der entscheidende Punkt, woran viele Unternehmen nämlich scheitern. Wenn irgendwo dieser Spruch »Ein bißchen schwanger geht nicht« seine Berechtigung hat, dann genau hier. Das muß wirklich konsequent gemacht werden. Und »Nur so ein bißchen«, das scheitert, und man zieht sich wieder zurück in die alten Posten.

### *Hindernisse niederreißen*

Die Motivation unserer Mitarbeiter, ihr Engagement, ihre Identifikation mit dem Unternehmen sind die einzigen Quellen des Erfolges. Alles andere sind nur Werkzeuge, mit denen wir gut oder schlecht arbeiten. Aber das Können der Menschen ist entscheidend. Außerdem steckt in jedem Menschen, auch in jedem einzelnen unserer Mitarbeiter, ein unermeßliches Maß an kreativem Potential, an Leistungsbereitschaft, an Motivationsbereitschaft. Daß wir das so oft vermissen, das liegt nur daran, daß wir hier Organisationsstrukturen, Abläufe, Verhalten und Formen der Führungskonzeptionen haben, die der Entfaltung der Fähigkeiten der Menschen im Wege stehen, sie blockieren, sie verhindern. Und deswegen ist dies die zweite der vornehmen Pflichten: solche Hindernisse niederzureißen. Es sind durchweg künstlich geschaffene Hindernisse, folglich können wir sie auch wieder niederreißen.

### *Hohe Kommunikationsdichte*

Es ist nach dem Gesagten naheliegend, daß die Kommunikation in unserem Unternehmen eine ganz außergewöhnliche Rolle spielt.

Sie haben vielleicht schon mal einen ersten Blick in unser Haus werfen können. Der Auftrag an den Architekten war, unserem Anspruch nach Offenheit auch in der Gestaltung Ausdruck zu geben, Wände zu vermeiden, wo sie vermeidbar sind. Wir wollen eine hohe Kommunikationsdichte haben, wir brauchen die Kommunikationsdichte. Wenn Sie durch die Montage gehen und da stehen Menschen zusammen, die miteinander sprechen, und ich komme vorbei, dann hören sie natürlich nicht auf zu reden, weil sie genau wissen, das ist bei uns nicht nur erlaubt, das ist erwünscht. Ich sage das auch immer wieder öffentlich. Ich möchte, daß die Menschen miteinander sprechen, auch wenn 90 Prozent der Zeit, die sie da sprechen, nur über belanglose Dinge geredet wird. Wenn in den restlichen 10 Prozent das gesagt wird, was sonst nie gesagt werden würde, dann lohnt sich das. Das hat natürlich auch etwas mit unserer Arbeitsorganisation zu tun.

## *Auflösung der Arbeitsteilung*

Wir haben am 1.1.89 das eingeführt, was wir synchrone Produktentwicklung genannt haben. Um die SPE zu realisieren, haben wir alle Bereiche und Abteilungen in unserem Hause, die irgendwie mit der Neuschaffung von Produkten beschäftigt waren, aufgelöst. Wir haben heute kein Marketing mehr, keine Entwicklung mehr, keine Arbeitsplanung mehr, auch die Abteilungen in der Qualitätssicherung sind aufgelöst, sind als Funktion nicht mehr vorhanden. Wir haben all die Menschen, die in diesen Bereichen tätig waren, zu Teams zusammengefaßt, so daß in jedem Team die volle Sachkompetenz vorhanden ist. Um den ganzen Bogen zu spannen, der da beginnt mit Aufspüren von Marktchancen – und Marktchancen gibt es bei uns im Hause keine, die muß man draußen aufspüren – bis zur Realisierung der Marktchance. Und realisiert ist diese dann, wenn ein Produkt erfolgreich im Markt eingeführt ist. Alle Jobs, die dazugehören, macht jetzt ein Team, das wir SPE-Team nennen. Dieses Team macht die Marketingjobs, die Entwicklungsjobs und die Technologiejobs. Und zwar permanent.

Im Gegensatz zum Projektmanagement sind die SPE-Teams permanente Organisationseinheiten.

## *Deregulierung, Selbststeuerung, Eigenverantwortlichkeit*

Es ist nicht so, daß es bei uns im Hause keine Regeln gibt. Aber wenn ich einmal höre, wie Unternehmen klagen, Forderungen nach Deregulierung an Parteien, Verbände, Regierungen und was weiß ich wen alles richten, muß ich nur den Kopf schütteln, wenn man gleichzeitig beobachtet, wie sehr doch im eigenen Unternehmen reguliert wird. Wir versuchen hier im Haus Deregulierung zu betreiben, nur wirklich das zu regeln, was wirklich sein muß, und nicht alles, was man regeln könnte. Wir haben uns zur Umsetzung drei Organisationsprinzipien gegeben, einmal das Prinzip der Selbststeuerung – Abschaffung aller zentraler Besserwisserfunktionen; dann eben die Funktionsintegration – so haben wir es damals genannt, später sprachen wir von Aufhebung des Taylorismus und jetzt von der fraktalen Organisation, das ist immer der gleiche Inhalt. Und dann gibt es da noch das Prinzip der Eigenverantwortlichkeit. Die ersten beiden Prinzipien lassen sich sehr viel leichter realisieren als das dritte, weil sie sehr stark organisatorisch unterstützt sind. Ich kann die Organisation danach gestalten und die Gestaltung dieser Organisation unterstützt dann das Ganze. Das Prinzip der Eigenverantwortlichkeit geht stark in Verhaltensänderungen hinein, und wir kommen wieder auf das gleiche Thema zurück, nämlich daß wir Hindernisse abschaffen müssen. Denn herkömmliche Strukturen sind auch hier bestens geeignet, die Entwicklung von Eigenverantwortlichkeit nicht zuzulassen.

## *Fraktale Organisation*

Wir haben inzwischen eine komplett prozeßorientierte Organisation, also das, was man eine fraktale Organisation nennt. Das kleinste denkbare Fraktal ist der einzelne Mensch. Der Monteur bei uns montiert ein Produkt vom Anlieferzustand der Teile bis zum Auslieferzustand des Gerätes, verpackt und mit Versandetiketten versehen, vollständig allein und eigenverantwortlich. Das heißt dann aber auch, daß eigentlich kein Monteur einen festen Arbeitsplatz hat. Er kommt zwar jeden Morgen an seinen festen Stammplatz, an dem er aber nur so lange tätig sein kann, wie Aufträge dafür vorliegen. Sind an diesem Platz keine Aufträge mehr, geht er zu einem anderen Platz, für den Aufträge vorhanden sind. Dazu liegen in den einzelnen Meisterbereichen in den Regalen alle Aufträge aus. Der Monteur geht an dieses Regal, schaut, ob für seinen Lieblingsarbeitsplatz ein Auftrag ausliegt, und wenn nicht, dann geht er zu einem anderen Arbeitsplatz. Wobei er bei der Auswahl strikt darauf zu achten hat, daß alles gesamthaft zum Liefertermin ausgeliefert werden muß, und den Liefertermin bestimmt der Kunde und sonst niemand.

### *Nur der Liefertermin ist uns heilig*

Dazu kommt jetzt noch unser Gleitzeitmodell, das unseren Mitarbeitern gestattet, soviel Stunden am Tag zu arbeiten, wie sie gerade mögen. Dem Arbeitsvertrag geht eine Präambel voraus, die besagt, dies ist ein Vertrag zwischen Geschäftsleitung und Belegschaft, und wie jeder gute Vertrag muß er beiden Seiten Vorteile bieten. Der Vorteil für den Mitarbeiter besteht darin, daß er seine individuelle Arbeitszeit seinen individuellen Lebensumständen anpassen kann, also ein hohes Maß an Zeitautonomie besitzt. Der Vorteil für das Unternehmen besteht darin, daß das konkrete aktuelle Kapazitätsangebot dem konkreten aktuellen Kapazitätsbedarf angepaßt ist. Im Unternehmen besteht natürlich ein Konsens, daß hier im Hause die Arbeit Priorität vor der Freizeit hat. Und in diesem Sinn verlangt diese Gleitzeitregelung lediglich, daß jeder Mitarbeiter mindestens vier Stunden im Hause sein muß. Nur mehr als zehn Stunden am Tag arbeiten darf man natürlich nicht. Und – das ist der zweite Teil der Gleitzeitregelung – jeder Liefertermin ist heilig. Es ist nicht gestattet, einen Liefertermin nicht einzuhalten.

Ich sagte meinen Mitarbeitern: »Wer noch immer von euch glaubt, einen Liefertermin nicht einhalten zu können, der muß zu mir kommen und bei mir einen Antrag stellen. Und ich sage euch gleich vorweg, ich werde jeden Antrag ablehnen. Ich akzeptiere keine Gründe, und mögen sie noch so triftig erscheinen, weswegen ein Liefertermin in Frage gestellt wird.« Und seit dem 1.1.86 haben wir auch nicht einen Liefertermin nicht eingehalten.

*Aus einem Gespräch mit Johann Tikart, Geschäftsführer der Mettler-Toledo (Albstadt) GmbH.*

# *Hewlett-Packard: Der »HP-Way«*

Wie man dahin kommt, daß die Kollegen ihre Prozesse selbst steuern

Hewlett-Packard gehört zu den weltweit führenden Unternehmen der Informationstechnologie. HP hat es verstanden, auch in den Jahren der Rezession und zum Teil gegen den Trend in der Computerindustrie, seine Marktposition konsequent auszubauen. Als Gründe für den Erfolg gelten die Innovationskraft, die Kundenorientierung und die vorbildliche Unternehmenskultur, die mit dem Begriff »HP-Way« umschrieben wird. Nach der Devise »nicht auf den Lorbeeren ausruhen« sind das HP-Management und die HP-Mitarbeiter weltweit und in Deutschland dabei, die Abläufe von und zum Kunden zu optimieren. Das Stichwort heißt: Von der funktionalen zur Prozeßorganisation.

## *Von der funktionalen zur Prozeßorganisation*

Wir sind uns darüber im klaren, daß wir vor einer ganz gewaltigen Veränderung stehen. Wir haben eine funktionale Organisation und machen jetzt eine Prozeßorganisation daraus. Wir sind dahintergekommen, daß wir eigentlich zwei große Geschäftsprozesse haben. Den einen nennen wir heute weltweit den *Product Generation Process*. Am Anfang steht eine Investigation, d. h. eine gründliche Untersuchung, danach wird ein Produkt designed, dann wird das Produkt entwickelt, dann werden die Prozesse dafür entwickelt, und irgendwann produzieren wir es. Dann brauchen wir einen zweiten, das ist der *Order Fullfillment Process*. Sprich, da ist ein Kunde, der hat eine Anfrage, der will am Ende dieser Prozeßkette im Endeffekt sein System installiert haben. Als erstes haben wir uns in Europa in einem Team organisiert, Vertrieb, Marketing und Produktion und Distribution. Wir haben uns geeinigt, es gibt nur noch maximal zwei Wochen Lieferzeit vom Kundenauftragsdatum bis zur Installation des kompletten Computersystems. Früher hatten wir durchschnittlich 10–12 Wochen Lieferzeit bei Auftragsfertigung.

Wir haben dann entschieden, wir gehen nicht mehr vom europäischen Distributionszentrum durch irgendeine Niederlassung zum Kunden. Der Lastzug holt die Ware im europäischen Distributionszentrum ab, und es geht zum Kunden. In 24 Std. downtown London, 24 Std. downtown Paris, in 48 Std. downtown Helsinki. Das geht. Das heißt, wir haben den Prozeß radikal verändert, wir haben einen zufriedenen Kunden, und in Produktivität ausgedrückt, Umsatz pro Mitarbeiter und Kosten verändern sich optimal. Die Vision, die wir uns gestellt haben, ist im Prinzip diese: ein zeitgerechter, für den Kunden müheloser Interaktionsprozeß vom ersten Kontakt mit HP bis zum Ongoing-support. Daran arbeiten wir jetzt auf allen Ebenen und allen Bereichen. Beispiel Software. Wir haben jetzt eine Prozeßorganisation für Software definiert, die ist von der Planung, über Einkauf, Materialwirtschaft, Auftragsabwicklung, Produktion und Distribution ein Team. Die sitzen physisch zusammen.

## *Doppelfunktion der Vorgesetzten*

Wir haben definiert: Der erste Chef für jeden Mitarbeiter ist immer der funktionale. Der zweite Vorgesetzte ist hier, und hier ist der physische Arbeitsplatz. Was bei HP in der informellen Art heißt: Hier sitzt die Power. Das haben wir jetzt implementiert für die Softwareprodukte, das wollen wir jetzt ausprobieren. Da ist mein Team dabei, sich zu überlegen, wie jeder einen Subprozeß definieren kann, den er als Doppelfunktion kriegt. Das ganze funktioniert ja nur, wenn die Vorgesetzten sich alle wohl fühlen, d. h., daß jeder einen Prozeß und eine Abteilung managt. Diesen Weg gehen wir jetzt.

### *Prozesse definieren, die Ausführung den Teams überlassen*

Die Prozesse haben wir sehr schnell kapiert. Aber wir haben zunächst einen Fehler gemacht: Wir hatten ursprünglich Managementkomitees, die gemeint haben, sie müssen überall dabeisein. Das haben wir abgeschafft. Das heißt, wir als Management sind der Meinung, wir müssen die großen bereichsübergreifenden Prozesse definieren, aber die Details und die Ausführung bitte so weit wie möglich den Mitarbeitern überlassen. Daher meine Begeisterung für unsere self-managed-Teams, also für Teams, die sich selbst steuern. So sind wir sehr gut vorangekommen.

### *Nicht wegdelegieren*

Natürlich muß die Geschäftsführung das detaillierte Design eines Prozesses in seinen Einzelheiten verstehen und ihn genehmigen, bevor er umgesetzt wird. Aber wenn die Geschäftsführung sich scheut, das detaillierte Design zu verstehen, dann geht es meistens nicht. Das ist vielleicht der Fehler, daß wir in Deutschland dazu neigen, zu große Unterschiede zu machen zwischen Geschäftsführung, Vorgesetzten und Mitarbeitern. Es hat sich bei HP als Stärke ausgezahlt, daß wir hier eine Kultur haben, wo keiner sich scheut, wirklich einmal die Ärmel hochzukrempeln. Das wichtigste und das schwierigste ist, wir brauchen zwei Dinge: Verständnis und Unterstützung. Wenn die Mitarbeiter nicht mit Begeisterung mitziehen, haben wir keine Chance, das Projekt umzusetzen. HP-Way heißt auch: ein bißchen sich entwickeln lassen. Es hat keinen Sinn, daß ich meine Vision den Leuten aufoktroyiere.

### *Change Management und Communication Management*

Der größte Hemmfaktor ist zumeist, daß man sich zuwenig Gedanken macht über Change Management und Communication Management. Man muß die Mitarbeiter einbeziehen und vorbereiten auf allen Ebenen. Man muß darauf achten, daß man den strategischen Ansatz runterbringt auf etwas, was die Leute von allein motiviert. Das ist die richtige Herangehensweise. Deshalb ist das erste, was ich Firmen empfehlen würde, daß sie überlegen, wie sie ihre Mitarbeiter besser einbinden können in ihre Vision und Strategie.

## *Mitarbeiter besser einbinden*

Was wir bei HP versuchen, ist natürlich nicht, einfach Reengineering zu machen, sondern uns immer die Frage zu stellen: Wie kann man die Mitarbeiter besser einbinden? Wir sind sehr weit auf dem Weg zu selbststeuernden Teams. Der Produktionsleiter sagte heute morgen zu mir: Wissen Sie, wir möchten eigentlich davon träumen, daß so wie die Leute heute zu Mettler-Toledo pilgern, sie in zwei Jahren zu uns kommen. Wir wollen, daß sich die Mitarbeiter in der Produktion selbst steuern. Sie sollen selbst bestimmen, wann sie kommen und wann sie gehen. Die Parameter, die die Mitarbeiter treiben, sollten sein: zwei Wochen maximale Lieferzeit, 98 % On-Time-Lieferung, 0,1 % Defect-On-Arrival, etc.

(Gesprächsübergabe an Matthias Köhler, Projektleiter KIT:)

Sprechen wir über das Projekt *Kollegen im Team*, kurz KIT genannt. Das Ziel war, wir wollen eine Organisation schaffen, in der Teams eigenverantwortlich ihre Prozesse beherrschen und organisieren. Die Frage war: Wie können wir dahin kommen?

## *Systematisches Herangehen*

Wir haben für KIT einen methodischen Ansatz gewählt, den wir STS-Approach genannt haben: Social Technical System-Approach. Wir haben ein Team gebildet, das übergreifend zusammengesetzt war, sowohl aus Leuten aus der Produktion als auch aus dem Ingenieurbereich und Vorgesetztenbereich. Dieses Team hat dann die Vision für das Projekt aufgestellt, wo wollen wir hin, was wollen wir erreichen, und hat dann das System beschrieben, in dem wir uns befinden, in dem wir arbeiten. Wie sieht unser Produktionssystem heute aus? Aus diesem Erkennen und Verstehen des Systems heraus haben sich sieben Analyseteams gebildet, die erstens die technischen Prozesse untersucht haben: Wie ist der gegenwärtige Stand in den Prozessen, welche Abweichungen gibt es, und was wäre an Veränderungen sinnvoll, um optimaler zu arbeiten? Wir haben zweitens auch das soziale System untersucht, wo zum einen das Individuum zu Wort kam: Wie sind individuelle Erfahrungen der Mitarbeiter, was schätzen sie, wo sind sie der Meinung, es fehlen noch bestimmte Dinge, die wir tun sollten? Wie läuft Kommunikation, Zusammenarbeit zwischen Teams ab, zwischen den Line- und Support-Bereichen ab, die wir haben? Und wir haben drittens das Umfeld untersucht. Was sind Einflüsse aus dem direkten und weiteren Produktionsumfeld, die uns beeinflussen, mit denen wir umgehen können müssen?

## *Ausgerichtet an den Kundenanforderungen*

Die ganze Organisation der Produktion muß ausgerichtet sein auf den eigentlichen Zweck, die Daseinsberechtigung, die diese Organisation hat und die sich in Kundenanforderungen ausdrückt. Kundenanforderungen, die dann bei uns wieder niedergeschrieben sind in den Zielen, die wir haben in Richtung Lieferpünktlichkeit, in Richtung Qualität. Es ist aber noch viel mehr, was so einen Unternehmenszweck ausmacht. Es ist auch die Philosophie: Wie wollen wir die Ziele, die wir haben, erreichen? Das meint der HP-Way, in Teamwork ehrlich und offen zueinander zu sein, eigenverantwortlich Dinge managen zu können.

## *Eigenverantwortliches Management*

Das zeigte sich bereits bei der Namensfindung: Am Anfang haben wir das Work-Redesign Produktion genannt. Nur, keiner der

Mitarbeiter konnte damit was anfangen. Wir sind halt ein Unternehmen im Schwabenland, wo nicht alle englisch reden. Was wir gemacht haben, war eine Wahl. Wir haben drei Wochen Vorschläge von den Mitarbeitern gesammelt, es kamen verschiedene Sachen raus, wie KIT oder TOP – teamorientierte Produktion, TOPAS – teamorientierte Produktion aktiver Systemgestaltung u. a. Das haben wir dann zur Wahl ausgeschrieben, von 180 haben sich dann 158 beteiligt, und mit überwältigender Mehrheit ist es KIT geworden. Inzwischen identifiziert sich jeder damit.

### Auftrag des Teams

Auftrag des Teams ist, eine neue Organisation zu gestalten, in der

- ein Höchstmaß an Qualität, Produktivität und Flexibilität erreicht wird,
- jeder sich und seine Ideen zum Gesamterfolg von KIT einbringen kann,
- jeder erfolgreich sein kann und
- jeder mit seiner Arbeitsstelle und seinem Arbeitsumfeld zufrieden sein kann.

### Umsetzungsphase

Wie in der Designphase wird es auch in der Umsetzungsphase ein Koordinationsteam ähnlich dem Designteam geben. Dieses Team wird das zentrale Koordinationsorgan während der Implementation sein. Wir erwarten nicht, daß alles auf Anhieb funktioniert. Wir wollen eine lernende Organisation bauen, aber keine, die von Anfang an perfekt sein muß. Wenn wir feststellen, daß Dinge nicht so funktionieren wie gedacht, finden wir die Ursachen und führen notwendige Anpassungen durch. Die Teams müssen lernen, eigenverantwortlich zu handeln, und dies ist ein Entwicklungsprozeß. Wir sind fest davon überzeugt, daß KIT der richtige Schritt hin zu zukünftigem Erfolg ist – unter Beteiligung und zur Zufriedenheit aller.

*Aus Gesprächen mit Klaus-Dieter Laidig (Geschäftsführer der Hewlett-Packard GmbH), Walter Stierle (Leiter Planung & Materialwirtschaft), Matthias Köhler (Projektleiter von »Kollegen im Team«).*

# *Opel Eisenach: Das »Eisenacher Modell«*

Wie in einer Teamkultur hochgesteckte Ziele ständig übertroffen werden

Im thüringischen Eisenach wurde 1991 der erste Spatenstich für eine moderne Automobilfabrik getan. Das neue Opel-Werk nahm im September 1992 mit heute rd. 2000 intensiv ausgebildeten Beschäftigten die Produktion auf. Opel Eisenach galt und gilt als Modellfall für eine komplett nach den Prinzipien der Lean-Production ausgerichtete Fertigung auf deutschem Boden.

## *Erfolgsfaktoren*

Was dieses neugestaltete Unternehmen so schnell erfolgreich gemacht hat, ist die ausgesprochene Teamorientierung, die wir eingeführt haben, in Form von Entscheidungsprozessen, Ablaufstrukturen, in Form von Prozeßorganisation und Kommunikationsverläufen. Aber Teamorganisation heißt für uns auch, daß sich das gesamte Management als Team versteht. Daß wir Probleme nicht am Schreibtisch bearbeiten, sondern gemeinsam besprechen und verbindlich über Maßnahmepläne entscheiden: »Wer hat was zu tun? Und wann?« Und daß dieses auch konsequent nachvollzogen wird. Ein weiterer Erfolgsfaktor ist, daß wir uns von Anfang an zur Aufgabe gemacht haben, alles immer wieder in Frage zu stellen. Kontinuierliche Verbesserung, wie sie von Mitarbeitern verlangt wird, ist kein Schlagwort, sondern bedeutet ständige Überprüfung aller neu eingeführten Prozesse in der Organisation. Das gilt übergreifend für alle Bereiche und alle Ebenen des Unternehmens. Ein weiterer zentraler Erfolgsfaktor ist, daß wir für alle Mitarbeiter ein sehr differenziertes Auswahlverfahren entwickelt und mittels Assessment-Center realisiert haben und daß wir ein konsequentes, systematisches Training betreiben.

### *Teamorientiertes Management*

Betrachtet man die rein formale Organisation unseres Unternehmens, so haben wir mit Rohbau, Lackiererei und Fertig- und Endmontage eine funktionale Organisation. Das hat jedes vergleichbare Unternehmen auch. Entscheidend jedoch ist das teamorientierte Management, die Teamkultur.

### *Übergreifende Teambesprechungen*

Wir haben zunächst ein sogenanntes Executive Commitee-Meeting als reines Entscheidungsgremium, in dem auch Dinge in der Entscheidungsvorbereitung besprochen werden. Dort sitzt die Geschäftsführung zusammen mit den Personal-, Finanz- und PR-Managern. Weiter gibt es das produktionsbezogene, das Manufacturing-Meeting. Dieses ist schwerpunktmäßig auf die Funktionen und Abläufe in der Produktion orientiert. Hier wird das Tagesgeschäft besprochen, und zwar projektbezogen. Die Bereiche Material-Management und Einkauf sind immer mit dabei und je nach Schwerpunkt auch der Finanz- oder Personalbereich. Von diesen bereichsübergreifenden Meetings haben wir eine größere Anzahl. Für die Bereiche Ergonomie, Arbeitssicherheit oder Qualität gilt ähnliches. Wir haben die Schnittstellenprobleme dieser Meetings sehr gut im Griff, denn hier werden auch Entscheidungen getroffen, die nicht nur für einen Bereich relevant sind, sondern sich auch ausdehnen. Was dort besprochen und entschieden wird, wird durch die Manager von oben nach unten kommuniziert. Auch das ist keine neue Welt.

Nur die Konsequenz und die Systematik, mit der da Kommunikation betrieben wird, ist sehr intensiv. Und das unterscheidet uns hier schon sehr von anderen Unternehmen.

### *Stehungen*

Was dieses System u.a. unterscheidet: Es gibt nicht nur Team-Meetings der einzelnen Fertigungsteams vor Ort, sondern es gibt sogenannte Stehungen. Wenn Sie eine Stehung machen, ist sichtbar, daß etwas Besonderes passiert und daß gleichzeitig nicht direkt produktiv gearbeitet wird. Man kann die Leute kurz zusammenholen, das geht sehr informell. Und dann wird besprochen und entschieden, etwas mitgeteilt oder einfach Informationen ausgetauscht. Dann geht man wieder auseinander. Das hat schon einen besonderen Charakter. Und: Im Gegensatz zu Sitzungen ist eine Stehung viel, viel kürzer und damit meist auch effizienter.

### *Gesprächskultur*

Insofern denke ich, daß wir eine andere Gesprächskultur, eine Meeting- oder Besprechungskultur haben. Dazu zählt auch unser Bürokonzept. Wir haben kein abgeschlossenes Büro etwa für den Personalleiter. Kein Vorzimmer oder Ähnliches. So etwas gibt es bei uns einfach nicht. Dies gilt auch für das Zusammenspiel von Geschäftsleitung und Betriebsrat, die gemeinsam in einem großen Büro sitzen. Der Betriebsrat hat zwar eine spanische Wand um sein Büro installieren lassen, weil er auch ein paar Dinge vertraulich handhaben will und muß.

Aber wichtig ist, daß der Betriebsrat sofort Kontakt mit der Geschäftsleitung aufnehmen kann, wenn ein Problem auftritt – und umgekehrt. Wichtig ist auch, daß bei allen Meetings und Besprechungen immer ein Mitglied des Betriebsrates dabei ist bzw. grundsätzlich dabeisein sollte. Besprechungen, die so vertraulich gehandhabt werden, daß der Betriebsrat nicht eingeladen wird, sind die extremen Ausnahmen; dabei geht es meist um personenbezogene Themen, also um die Entwicklung einzelner Mitarbeiter. Bei allen Themen, die das Tagesgeschäft berühren oder die grundsätzliche und langfristige Orientierungen beinhalten, ist der Betriebsrat immer dabei.

### *Keine Statussymbole*

Es wäre unwahr zu behaupten, daß es überhaupt keine Differenzierung zwischen den Ebenen mehr gibt. Aber es ist richtig, daß wir sehr, sehr wenig Status hervorkehren, daß wir sehr wenig Symbole haben, die Status unterstreichen. So bekommt jeder Mitarbeiter beispielsweise eine einheitliche Firmenkleidung gestellt, Hosen, Pullover, Hemden, T-Shirts. Das unterstreicht den Teamgedanken und es reduziert natürlich Statusunterschiede. Es gibt auch keine Krawatten. Ich mache manchmal die Erfahrung, wenn ich beispielsweise zu Verbänden oder Behörden muß, daß ich mit Kollegen und externen Partnern zusammentreffe, die so gekleidet sind, wie ich es früher auch war und die zuerst sehr verblüfft auf mein Aussehen reagieren. Aber nach den ersten zwei Malen haben sie sich daran gewöhnt, stellen auch Fragen bezüglich Teamorientierung und Unternehmenskultur, zeigen sich interessiert. Und die Mitarbeiter selber, sie nehmen ihre Kleidung auch schon als Element, auf das sie stolz sind, weil das ihre Zugehörigkeit zum Eisenacher Team unterstreicht.

### *Qualität und Qualitätsverbesserung*

Unsere Teamkultur hat besonders deutliche Auswirkungen auf unsere Qualität und unsere Qualitätsverbesserungen. Bereits bei der alten SKD-Fertigung ist die Erfahrung gemacht worden, daß die Händler, die den Vectra verkauft haben, gezielt nach den Vectras aus Eisenach nachgefragt haben, weil die Qualität nachweislich besser war. Und das ist natürlich den Mitarbeitern kommuniziert worden.

Dieser Prozeß, daß die Händler gezielt einen Corsa aus Eisenach ordern wollten, tritt jetzt wieder ein. Wir haben eine kontinuierliche Verbesserung in unseren Audit-Ergebnissen, trotz der schnellen Einführung der zweiten und dritten Schicht, trotz der deutlichen Erhöhung des Produktionsvolumens. Unsere Zielsetzung haben wir immer deutlich überschritten, das heißt wir sind besser als unsere Planung. Und das ist schon eine hohe Leistung. Insofern denke ich, daß unsere Qualitätspolitik, das Entstehen von Fehlern überhaupt zu vermeiden, und dann Fehler schon am Ort des Entstehens zu beheben, die richtige ist. Wenn Sie sich ein anderes Automobilunternehmen ansehen, haben Sie zig Autos, die in der Nacharbeit stehen. Bei uns sind das so gut wie keine. Gerade durch dieses Prinzip: Mach es gleich richtig.

### *Die Rote Leine ziehen*

Wenn die Mitarbeiter ein Qualitätsproblem erkennen oder etwas mehr Zeit oder Hilfestellung benötigen, um es zu beheben, haben sie die Möglichkeit, die Reißleine, im besten Sinne des Wortes, zu ziehen. Sie können wirklich das Band anhalten. Bei einem auftretenden Problem, das man im Bandfluß noch lösen kann, ziehen sie eine gelbe Leine. Dann kommt der Bereichsingenieur, der Teamsprecher, die Kollegen und helfen, fassen mit an. Wenn es ein größeres Problem ist, dann wird die rote Leine gezogen. Es ist wie im Fußball, erst die gelbe Karte, dann die rote. Jetzt steht das Band, das Problem wird besprochen und der Fehler beseitigt, mit dem Ziel, daß nachfolgende Fahrzeuge dieses Problem nicht mehr haben.

### *Qualitätsverbesserung durch die Mitarbeiter*

Natürlich sind die Mitarbeiter darauf trainiert, die Rote Leine nicht ziehen zu müssen. Sie sollen Fehlern vorbeugen und nicht ins Auto einbauen. Jedes einzelne Team bekommt eine permanente Rückmeldung über seinen erreichten Qualitätsstand. Beispielsweise dadurch, daß wir zweimal am Tag ein systematisches Qualitätsaudit durchführen, und daß wir einen systematischen Follow-up-Prozeß haben. Wenn Fehler erkannt werden, bekommen die Mitarbeiter ein gewisses Zeitfenster, zwei, drei Stunden, und müssen beim nächsten Audit-Meeting ihren Lösungsvorschlag präsentieren. Was ist zu tun, damit dieses Problem in Zukunft nicht mehr vorkommt? Sie sollten sehen: Das ist meine

Arbeit, das ist mein Fehler, aber das ist auch mein Vorschlag, und so muß ich ihn umsetzen. Es ist kein Zufall, daß wir letztes Jahr in puncto Verbesserungsvorschläge der Mitarbeiter in der Gruppe der Unternehmen zwischen 1000 und 5000 Mitarbeitern mit Abstand Nummer eins in Deutschland geworden sind.

### *Kaizen-Shops*

Damit die Mitarbeiter ihre Verbesserungsvorschläge selbst realisieren können, haben wir in den einzelnen Bereichen sogenannte Kaizen-Shops eingerichtet, also kleine Manufakturen. Dort haben die Mitarbeiter die Möglichkeit, fertigungsnah kleine Veränderungen, kleine Verbesserungen, kleine technische Vorrichtungen selber zu realisieren oder auch mal etwas auszuprobieren.

Die Teamkollegen werden vom Teamsprecher für die Arbeit in den Kaizen-Shops freigestellt. Ein Team besteht im Schnitt aus sieben Mitarbeitern einschließlich Teamsprecher. Der Teamsprecher hat u.a. die Aufgabe, das Team zu organisieren, die Interessen der Gruppe nach außen zu vertreten und darauf zu achten, daß die gemeinsam festgelegten Arbeitsstandards eingehalten werden. Er muß auch krankheitsbedingte oder urlaubsbedingte Abwesenheit ausgleichen. Wenn Mitarbeiter für einige Tage im Kaizen-Shop arbeiten, muß er sie vertreten. In den Kaizen-Shops ist ein Mitarbeiter hauptverantwortlich eingesetzt, der den Ablauf organisiert, der schaut, daß Material da ist, daß der Umgang mit den Werkzeugen und mit den Maschinen sachgerecht erfolgt, daß die Sicherheitsvorschriften eingehalten werden. Das ist ein erfahrener Allroundmann.

### *Kommunikation und Visualisierung*

Zum Eisenacher Geist der Teamorientierung gehört auch, daß ständig kommuniziert wird, daß die Manager die Aufgabe haben, nicht hinter ihrem Schreibtisch sitzen zu bleiben. Unsere Geschäftsleitung hat sich beispielsweise zur Aufgabe gestellt, jeden Tag mehrere Stunden täglich an der Linie zu sein. Das ist Management durch Präsenz vor Ort, durch Ansprechbarkeit, durch ständiges Kommunizieren über Probleme, durch ständige Hinweise auf gemeinsame Vereinbarungen und Abläufe. Das ist für mich ein Stück visuelles Management, durchaus zum Anfassen. Es ist wichtig, das zu tun, was man sagt – und das heißt für mich Glaubwürdigkeit.

Das gilt nicht nur fürs Management, sondern für jeden Mitarbeiter. Es ist ein Stück unserer Kommunikationskultur, daß alle Prozesse, die produktionsrelevant sind und die den Mitarbeiter direkt betreffen, visualisiert werden.

## *Training von oben nach unten*

Eine wesentliche Voraussetzung für unseren Erfolg und ein unverzichtbarer Bestandteil unserer Unternehmenskultur ist das Training. Das Trainingsvolumen, das wir umsetzen, ist und muß auf Dauer höher sein als in anderen Unternehmen. Wenn wir das ausführliche mehrmonatige, vorbereitende Training der neuen Mitarbeiter mal ausklammern, dann haben wir in unserem Business-Plan festgelegt, daß je nach Zielgruppe ein Mitarbeiter zwischen 40 Std. und 84 Std. im Jahr Training zu absolvieren hat, je nach technischen Erfordernissen, Einsatzbereichen oder ausgeübter Funktion. Und die Vorgesetzten absolvieren nach dem Prinzip des Cascading als erste Gruppe das Training. Noch wichtiger bei diesem Cascading ist, daß die Vorgesetzten als interne Trainer für bestimmte Inhalte fungieren und diese Inhalte mit ihrer ganzen Person präsentieren.

Wir sind wirklich im Sinne des Wortes eine lernende Organisation. Wir wollen, daß die Leute die Schulbank drücken oder on-the-Job trainiert werden, ob in der Pilotlinie oder im Kaizen-Shop. Unser interner Trainerpool umfaßt z. Zt. bis zu achtzig Mitarbeitern aller Ebenen und aller Bereiche. Lernen, trainieren, üben, gemeinsam Neues ausprobieren und neue Wege gehen wollen, ist so für uns fast schon zur Selbstverständlichkeit geworden.»

*Aus einem Gespräch mit Dietmar Hemmie, Personalleiter der Opel Eisenach GmbH.*

# Asea Brown Boveri: »Playing a different game«

Warum eine Reorientierung des Verhaltens zur Grundbedingung dafür wird, einen Quantensprung in der Effizienz zu erzielen.

Der Wettlauf mit der Zeit ist mit den herkömmlichen Managementmethoden und -instrumenten allein nicht zu gewinnen. Wer einen wirklichen Quantensprung in der Effizienz und in der Schnelligkeit erreichen will, muß sich auf ein neues Spiel einlassen. Gefordert ist ein neues Verhalten im Umgang mit den internen und externen Kunden und bei der Gestaltung von Prozessen. Dies sind einige der Grundgedanken, die bei ABB Deutschland zur Entwicklung des Programms *Customer Focus* geführt haben, eines kaskadenförmig angelegten Programms der unternehmensweiten Neuausrichtung. Die Asea Brown Boveri gehört weltweit zu den führenden Unternehmen der Elektrotechnik, Verkehrs- und Umwelttechnik.

## Interne Optimierung als Vision

Ende der 80er Jahre kam das Topmanagement zu der entscheidenden Einsicht: Es reicht nicht aus, daß wir eine dezentrale Struktur haben und Gesellschaften kaufen, verkaufen und konsolidieren, es ist an der Zeit, daß wir die Prozesse in den Gesellschaften und auch gesellschaftsübergreifend optimieren. So wurde 1990 das Programm *Time-Based Management* (TBM) auf die Beine gestellt. Inhalt und Titel kamen von MIT und waren zu der damaligen Zeit sehr aktuell. Nach einem Jahr haben wir uns das Ergebnis angeschaut und stellten fest, daß es eine Menge von Projekten gab und sehr viel passiert war. Aber nicht genug in dem Sinne, daß von den vielen kleinen und großen Einsparungspotentialen, die wir kalkuliert hatten, unterm Strich nur wenig zu sehen war. Der nachhaltige Erfolg war ausgeblieben – also mußten wir uns über die Ursachen Gedanken machen.

## *Effizienzsteigerung wollen alle*

Alle diese TBM-Aktivitäten waren exzellente Projekte, und wir haben sie mit großer Vehemenz durchgeführt. Aber: keines dieser Projekte brachte uns den erwarteten Quantensprung. Ein Quantensprung ist eben etwas ganz anderes als eine Anpassung, als eine Modifikation des Bestehenden. Was war die Reaktion? Dazu eine kleine Metapher: Früher in Indien, als die Könige auf dem Schlachtfeld gegen den Feind Strategien entwickeln mußten, passierte es häufig, daß sie eine tolle Strategie hatten, aber nicht wußten, wie sie sie realisieren sollten. Da gingen sie in den Wald und konsultierten die Gurus, die dort meditierten. Die Könige fragten sie nach einer Lösung und bekamen dann fast immer einen guten Vorschlag. Gehen Sie hin und ersetzen Sie die Könige in dieser Geschichte durch die heutigen Manager. Die Gurus gibt es heute auch. Der Unterschied ist, man geht nicht zu ihnen, sondern sie kommen zu einem – es sind die Berater. Diese haben die Fähigkeit zu wissen, was die Könige denken, und sie wissen, wie man diese Gedanken umsetzt. Aber zurück zu ABB und dem ausgebliebenen Quantensprung. Kurze Zeit nach den ersten Ergebnissen der TBM-Projekte kam ein zweiter Berater und gab uns einen entscheidenden Hinweis: »The strategy is perfect and you must do Time-Based Management, but it is not sufficient.« Zusätzlich sollten wir ein Total-Quality-Management einführen. Gesagt, getan – nach einer gewissen Zeit das gleiche ernüchternde Ergebnis. Aber das Spiel nimmt kein Ende. Schon klopfte der nächste Berater an die Tür und erläuterte uns die Potentiale eines optimierten Supply Management. Der ersehnte Quantensprung blieb auch diesmal aus.

## *Falsche Tools?*

Was haben wir falsch gemacht? Waren es die falschen Konzepte und Methoden? Mit einem Messer kann man z. B. sehr schöne Dinge machen, schnitzen oder ähnliches. Aber man kann auch eine andere Person verletzen. Das Messer ist nicht schuld, ebenso sind diese Tools, Werkzeuge und Methoden an sich nicht falsch. Time-Based Management, Total-Quality-Management, Supply-Management sind an sich nützliche Methoden und Techniken. Andere Unternehmen haben mit den gleichen Konzepten und Methoden sehr gute Resultate erzielt. Sie haben die Effizienz ihrer Organisation nicht um x Prozent, sondern um das X-fache steigern können. General Electric, Texas Instruments, Rank Xerox, Motorola, SAS und 3M sind nur einige Beispiele, die Aufzählung ließe sich fortsetzen. An den gewählten Methoden und Konzepten kann es demnach nicht liegen.

## *Falsches Umfeld?*

Woran lag es dann? Was ist mit unserem Umfeld? Die Effizienz eines Unternehmens über die Zeit läßt sich typischerweise durch eine S-Kurve, auch als Sigmoidkurve oder Lebenszykluskurve bekannt, darstellen. Alle Systeme – ob organisatorische, technische oder biologische – durchlaufen diese Kurve. Sie beginnt langsam mit der Vorbereitung für das Wachstum, um in der zweiten Phase stetig zu wachsen und in der dritten Phase in eine Sättigung überzugehen. Denken Sie an Produktlebenszyklen oder das Pflanzenwachstum, an organisatorische Systeme in alten wie auch neuen Zeiten: Römisches Reich oder IBM sind nur einige Beispiele. All diese durchgeführten Programme trugen dazu bei, diese Sättigung der Effizienzkurve etwas hinauszuzögern. Es waren kleine Peaks in einer sonst stetig verlaufenden Kurve. Der Aufwand für diese kleinen Effizienzsteigerungen wurde über die Zeit betrachtet immer größer. Denken Sie an unsere Produkte: sie werden immer komplexer, erfordern komplexere Fertigungsprozesse und erzeugen damit wiederum komplexere Organisationen. Nun ja, damit könnte man ja vielleicht noch leben – wäre dieses System Produktkomplexität, Prozeßkomplexität und Organisationskomplexität nicht ein Self-reenforcing-System. Das führt zwangsläufig zur vierten Phase der Kurve, dem Verfall und dem Abstieg.

## *Wie durchbricht man die S-Kurve?*

Was sollten wir also tun, um diese S-Kurve, deren Verlauf übrigens bei den meisten Unternehmen heute nahezu das gleiche Niveau hat, zu verlassen und einen deutlichen Anstieg der Effizienz zu erreichen? Denken Sie an Sport. Sie sind ein erfolgreicher Marathonläufer, haben bei den Olympischen Spielen eine Medaille gewonnen. Es gibt für Sie nahezu keine Steigerungsmöglichkeit mehr, und da kommt Ihr Trainer auf die abwegige Idee: ab morgen sollen Sie Sprint laufen! Können Sie sich die Probleme vorstellen? Ganz andere Muskelgruppen werden benötigt, andere technische und organisatorische Systeme zur Unterstützung sind erforderlich. Nicht zuletzt ist auch die mögliche Anerkennung und Belohnung eine ganz andere als beim Marathonlaufen. Um es kurz zu fassen: es ist ein anderes Spiel. Die Gültigkeit einer jeden S-Kurve ist von begrenzter Dauer. Sie muß immer wieder durch eine neue ersetzt werden. Wenn also Unternehmen versuchen, aus dieser Sättigung auszubrechen, dann müssen sie sich auf ein völlig neues Spiel einstellen. Das neue Spiel wird mit anderen Regeln gespielt. Um in diesem Spiel erfolgreich zu sein, brauchen Sie Mitarbeiter als Spieler, die diese Regeln gelernt haben und beherrschen. Wie unterscheiden sich die Spiele? Für den Marathonlauf sind das Einteilen der Reserven und die Taktik während des Laufs von hoher Bedeutung, während der Sprinter Reaktionsfähigkeit und gute Nerven am Start benötigt. Um es auf den Punkt zu bringen: es geht um das Denken und Verhalten. Ein Marathonläufer denkt und verhält sich anders als ein Sprinter.

### *Das Problem liegt im Denken und Verhalten*

Um einen Marathonläufer zu einem Sprinter zu machen, was würde am meisten helfen? Körperliches Training allein reicht mit Sicherheit nicht aus – vielmehr ist die Änderung des Denkens und des Verhaltens erfolgsbestimmend. Jetzt stelle ich die andere Frage: Sagen Sie mir bitte aus Ihrer Erfahrung der letzten Jahre, wofür wir in den Unternehmen die meiste Energie und Aufmerksamkeit aufwenden. Mit Every-day-Reorganisationen: den Geschäftsführer in den Ruhestand schicken, den Nachfolger bestimmen, die Frau dorthin versetzen oder das kaufen, jenes verkaufen, vor allem technische Organisationssysteme oder Computer. Aber wo bleibt das Denken und Verhalten?

### *Die Lösung liegt in der Kombination*

Zurück zu ABB. Unser Problem war, daß wir all diese TBM-, TQM- und SM-Projekte angefangen haben und sie nicht mit dem kombiniert haben, womit wir sie hätten kombinieren müssen: mit dem Aspekt Denken und Verhalten. Wenn man Total-Quality-Management- oder Time-Based-Management- oder andere Konzepte anschaut, dann stellt man fest, daß sie nur positiv eingesetzt werden können, wenn eine bestimmte Denk- und Verhaltensweise existiert. Sonst erreicht man nicht den erwarteten Erfolg.

### *Kundenorientierung als neue Maxime*

Wir haben für dieses neue Denk- und Verhaltensmuster den Begriff Kundenorientierung geprägt. Kundenorientiertes Handeln bedeutet nicht nur die Sicherstellung der Qualität unserer Produkte und die Beherrschung unserer Prozesse. Mitentscheidend für den Erfolg unserer Aktivitäten ist die Art und Weise, in der wir miteinander umgehen. Neben Korrektheit hinsichtlich der Produktspezifikation und der Verläßlichkeit der Prozesse ist das richtige Verhalten gegenüber unseren internen und externen Kunden von signifikanter Bedeutung. Zur Erfüllung der Kundenerwartungen binden wir alle am Prozeß beteiligten Personen, also die Lieferanten, die Abnehmer unserer Produkte und Dienstleistungen und unsere Mitarbeiter, ein. Gerade in den Köpfen unserer Kolleginnen und Kollegen liegt das wertvollste Potential unseres Unternehmens. Wir nutzen es durch ihre Motivation und die Einbeziehung unserer Lieferanten, beispielsweise durch strategische Partnerschaften, Nur so können wir von deren Wissen und Erfahrungen profitieren. Ebenso erhalten sie durch uns wertvolle Unterstützung bei der Lösung ihrer Probleme. Wir wiederum sind der Lieferant unserer Abnehmer. Durch unsere gegenseitige Zusammenarbeit können wir schließlich Leistungen auf den Markt bringen, die den individuellen Bedürfnissen unserer Abnehmer entsprechen. All diese Personen, die Lieferanten, die Mitarbeiter und die Abnehmer, sind unsere Kunden, sowohl interne als auch externe. Indem wir stets freundlich, höflich und hilfsbereit miteinander umgehen, bewirken wir, daß unsere Zusammenarbeit zu den bestmöglichen Ergebnissen führt und Vertrauen schafft. Aber läßt sich dies im Arbeitsalltag überhaupt realistisch durchsetzen? Wenn wir uns konkrete Ziele vorgeben und diese auf konsequente und in einer kompetenten Weise verfolgen, gelingt es uns auf eine eigentlich doch recht einfache Art und Weise, dieses Denken und Verhalten zu leben. Wir sind ja auch freundlich, höflich, hilfsbereit in Vereinen und in der Familie. Nur haben wir scheinbar keine Übung, diese Elemente im Wirtschaftsleben zu benutzen. Wenn wir diesen Ansatz in die Realität umsetzen wollen, stellen wir fest, daß die funktionale Gliederung unserer Organisation eine der wesentlichen Barrieren ist. Aber nicht die Aufteilung an sich ist das Problem, sondern das Verhalten, das durch diese Aufteilung erzeugt worden ist. Denken Sie nur an den Taylorismus und das in uns gewachsene Verhalten – es ist geprägt durch Mißtrauen gegenüber Andersdenkenden, Machtorientierung und Egoismus. Dies hat eine Kultur hervorgebracht, in der uns das Wiederkäuen des oft Gesagten größere Freude bereitet, als das Neue zu entwickeln und zu unterstützen.

### *Abteilungsübergreifendes Denken und menschliche Kompatibilität*

Es ist das Verhalten, das die Abteilungsstrukturen im Kopf erzeugt hat – behaviour drives system – system drives behaviour. Diese Struktur ist im System und hat ein Verhalten erzeugt, das für Prozesse wie TQM oder TBM, die eine ganzheitliche Betrachtung des Gesamtprozesses erfordern, eine Barriere ist. Es ist also notwendig, abteilungsübergreifend und ganzheitlich zu denken und zu handeln. Dazu ist interdisziplinäre Zusammenarbeit in Teams erforderlich. Der Taylorismus hat seine Sättigung erreicht. Er wird heute aber auch schlechter gemacht, als seine ursprünglichen Ansätze wirklich waren. Über 80 Jahre haben wir ihn gebraucht, haben seine S-Kurve bis zur Sättigung durchfahren. Heute müssen wir eine neue S-Kurve draufsetzen. Das heißt nicht zwangsläufig, alles Bisherige über Bord zu werfen, sondern vielmehr die Elemente hinzuzufügen, die wir im privaten Bereich sowieso benutzen, im Wirtschaftsleben jedoch nie praktiziert haben. Keine Angst, wir wollen nicht die Kultur an sich ändern, wir benutzen ja nur die vorhandenen Kulturelemente in einem Kontext, in dem wir diese Elemente bisher nicht genutzt haben. Wir besinnen uns dieser Elemente und reintegrieren sie in das vorhandene Umfeld.

### *Customer Focus[1] als integriertes Programm*

Wir sind alle erfolgreiche, gestandene Männer und Frauen. Alles, was wir bisher gemacht haben, haben wir in Form von Programmen und Projekten gemacht. Darin sind wir perfekt. Verhalten und Denken ändern – wie macht man das als Projekt? Bei einem Projekt wissen wir, nach sechs Monaten haben wir das erreicht, nach einem Jahr jenes. Wie kann ich in einem Projekt sicherstellen, daß der Marathonläufer nach drei Monaten ein Sprinter ge-

1 Customer Focus ist ein eingetragenes Warenzeichen der Asea Brown Boveri AG, Mannheim.

worden ist? Und so kam uns die Idee, die Themen Unternehmenskultur und Prozeßorientierung zu kombinieren. Zur Umsetzung unserer Vorstellungen in Sachen Unternehmenskultur brauchten wir einen Träger, ein Medium. Als solches wählten wir eine Initiative: Customer Focus. Die Message versteht jeder, Kundenorientierung ist Voraussetzung für eine nachhaltige Ergebnissicherung. Diese Initiative hat die drei integrierten Elemente TBM, TQM, SM. Die richtige Unternehmenskultur aber ist Voraussetzung für alle drei.

### *Beim Vorstand angefangen*

Jetzt könnten Sie eine provokative Frage stellen: ›Ihre Erläuterungen über ein verändertes Denken und Verhalten sind nicht neu! Denken Sie an die Zehn Gebote. Es ist uns in mehr als 2000 Jahren nicht gelungen, dies zu praktizieren. Und Sie wollen das bei ABB in den nächsten zwei Jahren machen? Das ist doch anmaßend‹. Dies ist eine berechtigte Frage. Ich weiß nicht, ob ich für Sie eine ausreichende Antwort habe, aber für mich habe ich eine: Ich hoffe, ich werde jetzt nicht noch anmaßender, wenn ich Ihnen erkläre, warum das in den vergangenen mehr als 2000 Jahren nicht gelungen ist: Erinnern Sie sich an all die Ratschläge und Weisungen, die mit dem Satz »Du sollst nicht« und »Du darfst nicht« etc. beginnen. Die Wirkung solcher Sätze auf den einzelnen Menschen ist fatal. Würde es heißen »Ich soll« und »ich darf«, wären wir viel weiter gekommen. Wenn Sie von Veränderungen reden, dann nicht von Veränderungen bei anderen, sondern bei sich. Wir bei ABB haben daher mit dem Topmanagement begonnen, unsere Geschäftsleitung muß diese Veränderung wollen und vormachen und dies nicht an Mitarbeiter delegieren. Die Umsetzung erfolgte nach der Kaskadenmethode. Der Vorgesetzte ist der Lehrer. Vom Vorstand angefangen wurden von unseren 36.000 Mitarbeitern bis heute mehr als 10000 auf allen Ebenen in diesem neuen Denken und Verhalten geschult.

## Umsetzung

Natürlich setzten wir bei der Umsetzung von Customer Focus sowohl Standardtechniken als auch eigene Techniken ein. Wir haben ein Customer-Focus-Seminar kreiert, in dem die Leute sich mental mit diesen Dingen auseinandersetzen. Und hier haben wir wieder die bekannten Themen plaziert, die für die Leute plastisch und pragmatisch sind: TBM, TQM etc. Die Referenten zeigen die Vorteile dieser Methoden auf, berichten über Success-Stories und Potentiale, um den Teilnehmern den Mund wäßrig zu machen. Aber um in den Genuß dieser Potentiale zu kommen, gilt es noch einige Voraussetzungen zu klären. Dies ist der Augenblick, an dem über Kultur, Prozeßorientierung und ganzheitliche Betrachtung diskutiert wird. Der durch Customer Focus angestoßene Wandel ist ein Prozeß mit langer Einschwingdauer, der nicht in kurzer Zeit vollzogen werden kann. Unternehmen, die heute erfolgreich auf diesem Weg sind, haben bereits vor mehreren Jahren damit begonnen. Letztendlich beschleunigt nicht ein Programm diesen Wandel der Unternehmenskultur, sondern man benötigt vielmehr eine Atmosphäre, in der die Mitarbeiter durch Kreativität und Eigeninitiative die gesetzte und vorgelebte Vision operationalisieren. Neben dieser fruchtbaren Atmosphäre muß jedoch auch die Notwendigkeit für Veränderungen, ein gewisser Leidensdruck spürbar sein. In diesem Sinne informieren wir unsere Mitarbeiter permanent über Marktentwicklung, die Ergebnisse von Wett-bewerbsanalysen und unseren Strategien, um sie zum Mitdenken anzuregen. Auch heute arbeiten wir intensiv an einer Vielzahl von Projekten, aber im Unterschied zur Vergangenheit unter Einsatz einer neuen Denk- und Handlungsweise.

*Aus Gesprächen mit Dr. Arun Gairola, Senior Vice President Technology und Mitglied des internationalen Customer Focus Support Team, ABB Deutschland.*

# *Bosch-Siemens Hausgeräte: »Ende der Schrebergärten«*

Was dazu gehört, eine fraktale Organisation zu formen

Die BSHG, die in Europa zu den Marktführern für Hausgeräte gehört, hat in den letzten Jahren eine komplette Neustrukturierung ihres Unternehmens vorgenommen. Prozeßorientierung, Verschlankung der Zentrale und weitgehende Dezentralisierung der Verantwortung lauteten die Ziele dieses Prozesses. Dabei bestand die schwierige Aufgabe darin, im Prozeß der Neuausrichtung zugleich die unterschiedlichen Organisationen und Kulturen der beiden Stammhäuser Bosch und Siemens zusammenzuführen und zu integrieren.

## *Umstrukturierung als ethisches Problem*

Vielleicht zum Anfang: Wir hatten hier ein Problem, das unsere Arbeit bestimmt oder belastet – das können Sie sehen, wie Sie wollen. Wir kommen aus Unternehmenstraditionen, in denen man nicht entlassen hat. Wir kommen aus Unternehmenskulturen, in denen Loyalität eine zweiseitige Beziehung war. Nun wissen wir, daß mit Abschluß der Umstrukturierung auch die Zahl der Arbeitsplätze reduziert sein wird. Wir müssen heute sehen, daß wir in unserem Denken und Handeln vom Wachstum der Volkswirtschaft abhängig sind und daß das Maß an wechselseitiger Loyalität, mit dem wir unseren Mitarbeitern gegenübergetreten sind, eigentlich nur in einer Wachstumsphase und in einer Wachstumsgesellschaft aufrecht erhalten werden konnte. Der Ausgangspunkt der Überlegung unserer firmeninternen Skrupel war also, daß wir die ethische Grundlage unseres Handelns mit unseren Mitarbeitern noch einmal neu in Frage stellen mußten. Wir waren immer schon sehr auf Effizienz und auf Leistungskraft ausgerichtet im Unternehmen. Ich behaupte mal: Wir hatten bei der Umstrukturierung keine Faulenzer auszuschwitzen. Wir hatten das Problem, daß wir aufgrund der Strukturen, der Abläufe, der Denkweisen, der Prozesse, der Dinge, die in unserem Kopf passiert sind, uns daran gewöhnt hatten, daß wir einen Teil unserer Mitarbeiter ganz allein damit beschäftigten, unsere Komplexität handhabbar zu machen. Genau zu den Mitarbeitern, die Jahrzehnte teilweise einen guten Job gemacht haben, müssen wir jetzt hingehen und sagen: Deinen Job wird es in der Form wie bisher nicht mehr geben, weil unser Unternehmen aus heutiger Sicht eine falsche Architektur hat. Wir müssen über vorzeitigen Ruhestand reden oder über Versetzung, weil die Art und Weise, wie wir eine Reihe von Menschen über Jahrzehnte beschäftigt haben, aus unserer heutigen Erkenntnis unsinnig war. Man kommt schon in erhebliche Not zu sagen: Wir können dich zumindest an diesem Platz nicht mehr gebrauchen, weil wir in der Vergangenheit mit falschen, uber-kommenen, tradierten Strukturen gearbeitet haben, und du bist das Opfer unserer Fehler.

## *Frühzeitige Einbeziehung wichtig*

Insofern war es wichtig, daß die Beteiligten von der Problematik wußten und wir sie von Anfang an und im Lauf des Prozesses immer mehr einbezogen haben. Wir haben die Problematik früh kommuniziert, und wir glauben, das war eminent wichtig. Wir haben zunächst ein Team zusammengestellt, das Strukturteam mit neun Mitgliedern. Wir haben versucht, den ganzen Konzern abzudecken, aus allen Funktionen möglichst ein Mitglied. Als erstes haben wir dann bis Weihnachten ’92 innerhalb von drei Monaten unsere Probleme analysiert. Im zweiten Part dann, wie würde denn die optimale BSHG aussehen, das Delta ermittelt, und dann, welche Dinge müßten wir verändern, um dahin zu kommen, wo wir hin wollen. Das haben wir im Dezember der Geschäftsführung vorgetragen und haben drei Alternativen ausgearbeitet und eine favorisiert. Wir sind der Meinung, die müßte es werden. Bis März '93 haben wir das vertieft und eine neue Organisationsstruktur daraus abgeleitet. Und dann sind wir in die Offensive gegangen, wir haben uns extern abgestimmt, intern in Diskussionsrunden, mit unseren Stammhäusern Bosch und Siemens, hier im Führungskreis. Das haben wir einfach erst mal publik gemacht und zweitens gefragt: Was haltet ihr davon? Das ging dann bis Anfang/Mitte Mai. Unsere Gesellschafter – Bosch und Siemens – machen ihren Einfluß als Eigentümer in der Gesellschafter-Delegation geltend, die zweimal jährlich zusammentritt. Dort hat die Geschäftsführung die Neustrukturierung vorgetragen. Weil auch hier keine Einwände kamen, haben wir gleich im Mai angefangen, den Umstrukturierungsprozeß einzuleiten.

### *Prozeß oder Marke als steuernde Größe*

Am Anfang stand im Grunde genommen eine prozeßtheoretische Betrachtung: Es gibt hier wichtige Faktoren für das gesamte Unternehmensgeschehen. Was sollen die steuernden Größen und was die gesteuerten Größen sein?

- Die Markeninteressen?
- Die kundenorientierte Prozeßbeherrschung?
- Die Einzelfunktion in der Wertschöpfungskette?
- Die Handelsstrukturen?

Die Frage, die man sich stellen muß: Ist das jeweilige Markeninteresse – das Interesse der Marke Bosch oder der Marke Siemens – die steuernde Größe, oder ist die Marke eine gesteuerte Größe? Dies war eine ganz wichtige Frage aus der Unternehmenskultur heraus und für unsere zukünftige Ausrichtung, denn die Markeninteressen gingen uns über alles. Heute sind wir der Auffassung, daß der durchgängige Prozeß vom Vorlieferanten bis zum zufriedenen Vebraucher die steuernde Größe ist. Hier mußten wir über den eigenen Schatten springen und mußten die Marke in eine dienende Funktion bringen. Das war die noch nie, seitdem unser Unternehmen besteht. Um einen branchenfremden Vergleich zu bringen: Kein Mensch raucht Philip Reemtsma, was wäre aber Philip Reemtsma ohne Ernte 23? Wir sind heute zunehmend in der Denke, kein Mensch kauft BSHG, aber was wäre die BSHG ohne die Marken Bosch und Siemens? Die Marke wurde vom Selbstzweck zum Garanten des Unternehmenserfolges.

### *Zentrale um ein Drittel schlanker*

Und die zweite Philosophie, die über allem steht, war: die Zentrale schlanker machen. Das heißt, der Zentralismus, der sich im Laufe einer Zeit immer wieder aufbaut, diesen soweit wie möglich zusammenzufassen und runter in die operativen Einheiten in den Prozeß hineinzugeben. Das ist auch nicht ganz einfach gewesen, gerade hier in diesem Gebäude, wo man sich doch so schön etwas aufgebaut hatte, und jetzt kommen welche und sagen: So, das geben wir jetzt in die Einheiten und zu den Mitarbeitern. Wir haben die Zentrale hier immerhin um ein Drittel schlanker gemacht.

### *Bei der GF anfangen*

Wir haben das große Glück, dabei mit einer Geschäftsführung zu arbeiten, die harte Auseinandersetzungen nicht scheut. Wir auf der zweiten Ebene können die Geschäftsführer genauso angehen in einem Sachproblem, wie wir uns untereinander angehen, weil ein relativ breites, zwischenmenschliches Vertrauen da ist. Je größer die Vertrauensbasis, desto härter kann man miteinander umgehen. Geschäftsführer und Vorstände, die nicht aushalten, daß man hart mit ihnen umgeht, sollten sich niemals auf das Abenteuer einer Reorganisation aus eigener Kraft einlassen. Wir haben die Aufgaben der Geschäftsführer zunächst neu geordnet, es ging ja oben los. Als wir unsere Vorschläge durchbrachten, selbst liebgewordene Schrebergärten der Geschäftsführung zu Bauland zu machen, wußten wir, daß wir auch den ganzen Konzern schaffen.

## *Homogenität und Klammerfunktion*

Eine entscheidende Frage der Neustrukturierung war und ist: Wie schaffen wir es, bei der weitgehenden Divisionalisierung, Dezentralisierung und Eigenverantwortlichkeit in den Prozessen, daß das Unternehmen homogen bleibt? Um es zu verdeutlichen: Was wäre, wenn plötzlich alle andere Orientierungen, abweichende Positionierungen im Wettbewerbsumfeld oder im Qualitätsumfeld hätten? Oder, um auf einen Schelm noch einen größeren zu setzen, vielleicht sogar eine unterschiedliche Preis- und Konditionspolitik gegenüber dem Handel betreiben würden? Das kann nicht sein. Wir müssen eine einheitliche Umweltpolitik haben, wir müssen mit einer einheitlichen Produkt- und Vertriebspolitik auftreten. Deshalb haben wir Selbststeuerungsgremien geschaffen: Um es ganz einfach zu sagen, die Summe der fünf Chefs der fünf technischen Sparten, die wir haben – Waschen, Kälte, kleine Hausgeräte, Herde, Spülen –, sitzen zusammen mit einem Geschäftsführer und bilden den Fachkreis Technik und ersetzen eine riesige Zentralabteilung Technik. Was in diesem Fachkreis beschlossen wird, ist gültig für das Unternehmen, hinsichtlich Umweltpolitik-Vorgehen oder Qualitätssicherungsproblemen. Genauso gibt es den Kreis der Controlling-Verantwortlichen, die ersetzen die frühere Zentralabteilung Controlling mit einigen 100 Mann, die jede Erbse abzählten. Dazu kommen die Fachkreise Produktpolitik, Marktpolitik, Betriebspolitik und Personal. Die Fachkreise sind quasi Organe der Geschäftsführung und haben verbindliches Weisungsrecht. Das sind also nun die Faßreifen, die wir drübergezogen haben. Und da behaupten wir, da sind wir neu, das haben wir nirgends abgeschrieben. Jetzt überlegen wir, wie wir den Konzern mit der Berichterstattung steuern wollen, und wir haben hierfür einen Begriff geprägt: *ergebnisorientierte Konzernsteuerung*, also auch hier ein paar neue Gedanken. Fachkreisbeschlüsse haben eine Reihe von GF-Beschlüssen abgelöst.

## *Fraktale Bildungsprinzipien der Organisation*

Unsere Überlegung ist, daß wir eine sich selbst organisierende Organisation entwickeln werden. Wir müssen hier fraktal denken, und wir müssen den fraktalen Gedanken in den Köpfen des Geschäftsbereichsverantwortlichen verankern. Und der muß das wiederum baugleich nach denselben Baugesetzen in seine Struktur reinbringen. Das heißt, wir haben einen Prozeß durchgeführt, der zunächst gedanklich top-down ging, aber sehr leicht verin-nerlichbar und nach begreifbaren Bildungsgesetzen. Wir glauben, daß jemand, der in einer peripheren oder in einer hierarchisch tiefer stehenden Einheit eine Funktion hat, seine funktionale Aufgabe in der nächsten Stufe wiederfinden muß. Fraktale Organisationen brauchen ungestörte Vertikal-Kommunikation. Wenn jemand, der z. B. mit bestimmten Aufgaben in England tätig ist, hier im Hause jemand findet, der für ihn zuständig ist und sein Gesprächspartner ist, dann klappt lean organization.

## *Interner Kunde oder Teammitglied?*

Wir haben hier auch sehr gründlich über einige Begriffe nachgedacht, die in der aktuellen Managementdiskussion eine wichtige Rolle spielen, wie z. B. interne Kundenorientierung oder Unternehmer im Unternehmen. Hier kann man sich leicht Probleme einhandeln, zumindest wenn man die Begriffe einseitig gebraucht. Man kann vor lauter interner Kundenorientierung das gemeinsame Ziel aus den Augen verlieren und vor lauter Unternehmern im Unternehmen das Unternehmen aus den Augen verlieren. Wir behaupten, letztlich haben wir nur einen Kunden, das ist der, der unsere Rechnung bezahlt. Und auf den fokussieren wir uns. Die anderen sind Leistungsgeber und Leistungsempfänger. Denn wenn man prozeßorientiert denkt, muß man die rückkoppelnde Verantwortung des Leistungsempfängers gegenüber dem Leistungsgeber beachten. Unser Vertrieb ist nicht Kunde der Fabriken, sondern ein Teammitglied, das für den Erfolg der Fabriken genauso verantwortlich ist wie der Fabrikchef selber. Beispiel: Ein Leiter einer ausländischen Vertriebsniederlassung hat einmal gesagt: Nehmen Sie zur Kenntnis, kleine Hausgeräte habe ich aus dem Programm genommen, da diese meine Spanne schmälern. Ob da unsere kleine Hausgerätefabrik in Kurzarbeit geht, ist mir egal, ich werde an meiner Spanne gemessen, und hier bin ich Unternehmer, hier habe ich unternehmerische Verantwortung für meinen Vertrieb. Ich bestimme meine Sortimente, und wenn mir das Kühlschrankangebot vom Werk Z nicht mehr paßt, dann kaufe ich sogar beim Wettbewerber. Dies alles kann nicht passieren, wenn sie in Teammitgliedschaften denken und arbeiten.

### *Messung an den Schnittstellen*

Bei aller Prozeßorientierung – ohne Funktionsverantwortung kommt man nicht aus. Auch eine voll prozeßorientierte Fabrik braucht beispielsweise die Funktion der Vorfertigung. Konkret: derjenige, der hier nun mit schweren Pressen und Stanzen umgeht, hat einen anderen Kenntnisstand und Verantwortungsgrad als derjenige, der für die Pulverbeschichtung in der Lackiererei zuständig ist. Trotzdem müssen die in der Funktionsverknüpfung arbeiten. Aber auf der anderen Seite würden wir uns sicherlich die Hölle an den Hals organisieren, wenn derjenige aus der Presserei dem Lackierer ins Handwerk reinreden würde. Insofern kommt man bei aller Prozeßorientierung nicht umhin, daß man den Prozeß segmentiert und eine Einzelverantwortung festlegt. Wobei man nur sich über eines im klaren sein muß: Wir messen deine Tüchtigkeit nicht mehr innerhalb des Kastens, sondern wir messen deine Tüchtigkeit an der Schnittstelle zum nächsten Kasten. Ob du ein guter Vorfertiger bist, das werden uns die von der Montage sagen. Und umgekehrt, ob du ein guter Leiter der Montage bist, da werden wir den Leiter der Vorfertigung fragen, denn ihr müßt verknüpft optimieren.

## *Neue Qualitätssicherung*

Wir haben inzwischen weitestgehend eine durchgängig prozeßorientierte Organisation. Und wir haben eine ganze Reihe von Einzelprozessen, die jeder kritischen Betrachtung standhalten. Allerdings haben wir noch eine ganze Menge zu tun, um die neu entstandenen Prozeßketten mit denselben Qualitätssicherungsphilosophien – wir nennen sie Neue Qualitätssicherung – zu begleiten. Wir werden also nun das ganze kundenorientierte Processing mit Qualitäts- bzw. Prozeßsicherungsmethoden unterstützen.

## *Die fraktalen Prozesse fangen an zu funktionieren*

Generell denken wir, daß wir ein gutes Stück vorangekommen sind. Man merkt es in der gesamten Organisation. Die Leistung, die Qualifikation und vor allem die Motivation sind spürbar besser geworden. Die fraktalen Prozesse, die selbst organisierten und sich selbst reproduzierenden Prozesse fangen nach unserer Erfahrung an, voll zu funktionieren.

*Aus einem Gespräch mit Alexander Sattler und Gerd Schubert, Projektverantwortliche für den Umstrukturierungsprozeß der Bosch-Siemens Hausgeräte GmbH.*

# Boge: »Qualität ohne Kontrolle«

Warum autonom arbeitende Mitarbeiter den Kunden zufriedener machen

Die Boge GmbH ist ein bedeutender Zulieferer der europäischen Automobilindustrie. Sie gehörte zu den allerersten Unternehmen in Deutschland, die Elemente einer schlanken mitarbeiterzentrierten Produktion eingeführt und das Modell der Gruppenarbeit in Produktionsinseln erprobt und weiterentwickelt haben. Die ersten Schritte zur Veränderung der Produktionsstrukturen wurden bereits 1988 gegangen. Das war immerhin drei Jahre vor dem Erscheinen der deutschen Ausgabe der MIT-Studie über »Die Revolution in der Automobilindustrie« und der damit ausgelösten Diskussion über Lean Management und Lean Production.

## Ausgangssituation 1988: Überdenken der Produktionsstrukturen

Ein kurzer Rückblick auf die Situation im Jahre 1988: Wir waren als Lieferant der Automobilindustrie zu dieser Zeit im Dreischichtbetrieb bereits sehr hoch ausgelastet. Wir mußten feststellen, daß ein großer Teil unserer Kunden dazu überging, nur noch eine Quelle für ein bestimmtes Produkt festzulegen, also *Singlesourcing* zu betreiben. Das bedeutete, daß wir eine große Verantwortung übernahmen, die Produktionssicherheit für dieses Produkt sicherzustellen. Wenn man sowieso schon im Dreischichtbetrieb arbeitet, ist sehr wenig Flexibilität da, wenn Störungen in der Produktion aufkommen, sind wenig Möglichkeiten da, noch etwas auszugleichen. Das war ein Grund, einmal grundsätzlich über die Produktionsstrukturen nachzudenken. Der zweite Grund war der, daß die Kunden darüber hinaus zunehmend ein Just-in-time-Verhalten von uns forderten. Wir hatten 350 verschiedene Produkte, die dann im Just-in-time-Modus geliefert werden sollten, kombiniert mit einer absoluten Liefersicherheit. Dazu kam die Forderung nach Nullfehler, also nach absolut fehlerfreien Produkten. Wir hatten bis dahin mit statistischen Verfahren die Qualität gesichert, diese reichten nun nicht mehr aus. Wir stellten zudem fest, daß wir mit zunehmender Automatisierung und damit mit hoher Kapitalbindung den Nutzungsgrad unserer Anlagen nicht mehr weiter steigern konnten, sondern daß dieser sogar tendenziell mit der zunehmenden Komplexität dieser Anlagen abnahm.

### *Mitarbeiter als »Störfaktor«*

Wir konnten uns zunächst nicht erklären, warum die theoretischen Werte, die man mit so hohen Investitionen verband, sich nicht in der Praxis umsetzen ließen. Wir stellten fest, der Nutzungsgrad sank sogar tendenziell ab, insbesondere da, wo wir besonders hoch automatisiert hatten. Wir hatten wohl unbewußt den Gedanken übernommen, daß wir den Mitarbeiter im Betrieb eher als Störfaktor ansahen, und je mehr Mitarbeiter man aus dem Betrieb herausrationalisieren konnte, desto besser schien es. Wir stellten darüber hinaus fest, daß die Umlaufbestände stiegen. Wir bekamen mehr Artikelvarianten rein (wir waren ja alleiniger Lieferant) und mußten hohe Sicherheiten aufbauen, die schlugen sich wieder in zunehmenden Pufferlagern nieder. Wir hatten eine ganz normale arbeitsteilige Produktion mit einem äußerst komplexen PPS-System, damals schon, und versuchten, mit einem noch moderneren oder komplexeren System diese Probleme zu lösen. Das ist nicht gelungen.

### *Neuentdeckung des qualifizierten Mitarbeiters*

Wir haben dann untersucht, woran es denn liegen könnte. Da gab es bei uns zwei Denkrichtungen: Die eine sagte, wir müssen noch mehr automatisieren, wir brauchen noch ein besseres PPS-System, dann wird das schon gehen. Die andere sagte, wir müssen eigentlich den Mitarbeiter im Betrieb neu entdecken und sehen, daß wir über den qualifizierten, motivierten Mitarbeiter wieder zu einer höheren Flexibilität kommen. Das war eine kurze Beschreibung der Ausgangssituation. Wir haben dann aber auch festgestellt, daß unser Entlohnungssystem überhaupt nicht mehr problemorientiert arbeitete. Sprich, wir hatten im Laufe der Jahre über immer schärfere Kontrollen (da wir ein Einzelakkord-Entlohnungssystem hatten), durch genauere Zeitaufnahmen und all diese Dinge versucht, Nutzungsgrad und Leistungsgrad zu verbessern. Das führte dann dazu, daß wir fast 50 verschiedene Lohnarten eingeführt haben, die all das beschrieben, was der Mitarbeiter in der Produktion eigentlich nicht tun sollte. Aus diesem Entlohnungssystem heraus konnte überhaupt kein Motiv bei den Mitarbeitern entstehen, den Nutzungsgrad zu verbessern.

### *Forschungsprojekt mit der TH Aachen*

Da wir schon jahrelang an der Fortentwicklung dieser Systeme gearbeitet hatten und trotzdem unseren Zielen nicht näher kamen, haben wir gedacht, mit unseren normalen Bordmitteln können wir einen totalen Umschwung offensichtlich nicht einleiten. Wir haben uns dann zusammengetan mit dem Institut für Arbeitswissenschaft der TH Aachen und haben ein Forschungsprojekt durchgeführt, das in Richtung Humanisierung des Arbeitslebens ging. Das wurde gefördert vom Bundesministerium für Forschung und Technologie, und der Träger dieses Projektes war die Deutsche Forschungs- und Versuchsanstalt für Luft- und Raumfahrt in Bonn. Dieses Forschungsprojekt haben wir gemeinsam mit vielen unserer Mitarbeiter abgewickelt. In dieses Projekt waren insgesamt 45 Mitarbeiter dieses Werkes involviert, Betriebsräte, Produktionsmitarbeiter aus allen Bereichen. Diese Mitarbeiter haben bereits am theoretischen Teil sehr engagiert mitgearbeitet.

## *Einführung von Produktinseln*

Im Rahmen dieses Forschungsprojekts sind wir zu einer völlig anderen Arbeitsorganisation gekommen, und zwar in Richtung Produktinseln und Gruppenarbeit. Wir müssen ja wissen, 1988 war dieses Thema in Europa allerhöchstens aus Schweden von Volvo bekannt. Es gab nirgendwo eine Parallele oder nirgendwo etwas Beispielhaftes zu besichtigen.

## *Vom Pilotprojekt bis zum gesamten Werk*

Dann kam die erste Pilotanwendung, d. h. eine tatsächlich in die Realität umgesetzte Produktinsel. Wir haben es Produktinsel deshalb genannt, weil wir ein bestimmtes Produkt oder eine bestimmte Produktfamilie komplett in einer räumlich-organisatorischen Einheit herstellen wollten. Und dann direkt aus dieser Produktinsel heraus den Kunden, sprich: die deutsche und westeuropäische Automobilindustrie, beliefern wollten. Das war der Ansatz. Wir haben das mit genau 36 Mitarbeitern gemacht. Es gab 12 Leute in drei Schichten. 36 MA, die auf freiwilliger Basis nach einem Workshop, den wir im Betrieb abgehalten haben, gefunden wurden. Entsprechend umfangreich qualifiziert durch Wissenschaftler, Psychologen, und natürlich auch durch umfangreiche praktische Vor-Ort-Schulung. Es gab überhaupt keine Probleme, diese 36 Leute zu finden. Wir haben eine sehr umfangreiche Informationsphase durchgeführt, auch mit dem Betriebsrat zusammen, und haben dann einen ganztägigen Workshop abgehalten hier in der Fabrik. Wir haben dann diese erste Produktinsel zum Laufen gebracht mit relativ hohen Investitionen, denn wir stellten sehr hohe Ansprüche an das Arbeitsumfeld. Dieses Forschungsprojekt war ja unter dem Oberbegriff »Humanisierung der Arbeitswelt« gestartet. Wobei die Umsetzung im Betrieb nicht mehr Sache des Forschungsprojektes war, das war dann Aufgabe des Werkes. Wir haben dann mit der Produktion begonnen mit einem sehr innovativen und sehr komplizierten Produkt, eigentlich dem hochwertigsten Teil unserer Produktionspalette. Die Anlaufphase dauerte ca. ein Jahr, danach lief die Produktion bereits reibungslos. Das hat uns beflügelt. Die erste Insel lief an, auch schon mit dem neuen Entlohnungssystem, im Frühjahr 1990. Wir haben dann parallel, nachdem wir den Erfolg sich klar abzeichnen sahen, weitere Inseln gegründet und sind inzwischen so weit, daß jetzt das gesamte Werk mit insgesamt 12 Produktinseln nach diesen Strukturen arbeitet.

## *Charakteristik der Produktionsinseln*

In den Produktinseln schaffen wir eine räumliche und organisatorische Einheit, in der alle Technologien, alle Maschinen und Anlagen, alle Techniken, Transportmittel und die Qualitätssicherung zusammenkommen. Also alles, was notwendig ist, um diese Produktfamilie praktisch vollständig vom ersten bis zum letzten Arbeitsgang herstellen zu können. In jeder dieser Produktinseln ist ein spezieller Raum – wir nennen ihn den Kommunikationsraum –, in dem die Mitarbeiter sich aufhalten können. In diesem Kommunikationsraum steht ein Terminal. Die täglichen Abrufe unserer Kunden für diese Insel werden direkt in das Terminal dieser Insel eingespielt. Die Mitarbeiter sehen, was der Kunden morgen und übermorgen und in drei Tagen haben möchte, und produzieren es dann. Das heißt, wir haben eine auftragslose Fertigung. Der Auftrag entsteht quasi virtuell, es ist kein Stück Papier, sondern entsteht in den Köpfen der Mitarbeiter. Und es gibt weder beim Kunden noch bei uns ein Lager. Die Mitarbeiter fertigen exakt nur das, was der Kunde abruft. Beispiel: Wenn wir für die S-Klasse entsprechende Produkte bauen, wissen wir zwar ungefähr, wieviel Fahrzeuge im Jahr gebaut werden, wir wissen aber nicht, welche Variante morgen am Band von Mercedes ist, d. h. wieviel 12-Zylinder-Motoren, 8-Zylinder- oder 6-Zylinder-Motoren gebaut werden. Den Plan für morgen und übermorgen spielt uns Mercedes jeden Tag rein, und wir produzieren es dann eben so.

### *Verkürzung der Durchlaufzeiten, Halbierung der Summenzeit*

Die Durchlaufzeit für diese Produkte ist im günstigsten Fall vielleicht 6 Stunden, im Durchschnitt schätze ich die auf 12 bis 24 Stunden. Das würde bedeuten, wenn wir einen Auftrag, Abruf sagen wir dazu, von Mercedes bekommen (Mercedes steht hier für die westeuropäische Automobilindustrie), dann ist das Produkt dafür in etwa 12 bis 24 Std. fertig, geht dann auf den Lkw und erreicht am anderen Tag Mercedes, praktisch genau bedarfsgerecht. Zeitgewinn ist natürlich auch Produktivitätsgewinn. Wir hatten in der alten Organisationsform jeden Fertigungsprozeß in kleine Arbeitsschritte aufgeteilt, und für jeden dieser Schritte gab es eine Vorgabezeit, die im Rahmen des alten Entlohnungssystems auch abgerechnet wurde. Wir sind bei den Inseln anders vorgegangen. Wir haben gesagt, um ein bestimmtes Produkt herzustellen, gibt es nur eine Zeit, wir nennen sie die *Summenzeit*. Bei der ältesten Insel, die seit 1990 arbeitet, hat sich die Summenzeit für ein Produkt (für ein Fahrzeug, das bereits 1990 gebaut wurde und auch heute noch gefertigt wird) inzwischen fast halbiert.

### *Neues Entlohnungssystem auf Basis eines Kompetenzkataloges*

Wir haben ein neues Entlohnungssystem entwickelt, das auf drei Komponenten aufbaut. Die erste ist die Qualifizierung. Für jede Insel wird ein sogenannter Kompetenzkatalog erstellt, der sehr umfangreich ist. Dieser Kompetenzkatalog dient als Grundlage für die Schulung der Inselmitarbeiter. Nach einer gewissen Zeit – in der Regel nach einem halben Jahr – kommt es zu einer Versammlung dieser Produktinsel, und die Mitarbeiter selber entscheiden dann für jeden einzelnen, welche Kompetenzen er aus diesem Katalog schon beherrscht und welche noch nicht. Diejenigen Kompetenzen, die er noch nicht beherrscht, müssen entsprechend nachgeschult werden. Und davon hängt wiederum eine Punktzahl ab, die dann diesem Mitarbeiter zugesprochen wird von seinen Kollegen. Wenn er eine gewisse Punktzahl überschreitet, d. h., wenn er den Kompetenzkatalog fast komplett beherrscht, kommt er in eine Facharbeiter-Lohngruppe und bekommt von uns einen Facharbeiterbrief. Wir nennen ihn dann Boge-Facharbeiter. Das ist die eine Grundlage, die Qualifikation. Darüber legen wir den Nutzungsgrad der gesamten Insel und noch eine Materialverbrauchsprämie.

### *Arbeitssouveränität und Arbeitszeitsouveränität der Gruppe*

Ein wesentlicher Bestandteil der Gruppenarbeit ist, daß die Mitarbeiter niemanden haben, der ihnen die Arbeit zuteilt. Früher war es der Meister. Innerhalb einer Produktinsel sind völlig unterschiedliche Maschinen, völlig unterschiedliche Technologien, zum Teil ganz unterschiedliche Verfahren. Wer an welcher Maschine arbeitet und wer welche Computer- oder Dokumentierungstätigkeiten ausführt, ist den Mitarbeitern im Rahmen ihres Kompetenzkataloges vollkommen freigestellt. Zu den erhöhten Freiheitsgraden gehört auch die Arbeitszeitsouveränität. Ich glaube, dieser Begriff wird zunehmend an Gewicht gewinnen. Die Gruppe hat 30 Tage Urlaub und 22,5 Tage Freischichten, dazu kommt noch die Schichtwahl. Sie können sich ihre Wochenenden verlängern im Rahmen ihrer Abstimmung mit Kollegen. Es gibt einen hohen Freiheitsgrad, und es gibt daher auch einen wesentlich höheren Zufriedenheitsgrad. Wir werden diese Arbeitszeitsouveränität insofern erweitern, daß wir jetzt in einer Pilotgruppe noch Gleitzeit zusätzlich einführen. Neben der Arbeitszeitsouveränität bezüglich Urlaub und Freischichten kommt also jetzt noch die Freiheit der Einteilung der täglichen Arbeitszeit hinzu.

### *Qualität ist Sache der Produktinseln*

Zum Erfolgsgedanken der Produktinsel gehört: Die Insel arbeitet sehr stark nutzungsorientiert, materialverbrauchsorientiert und qualitätsorientiert. Daher entsteht auch eine sehr hohe Motiva tion im Gegensatz zu den alten Systemen. Wir haben im gesamten Werk niemanden mehr, der im grünen Kittel als Qualitätssicherer, wie es in der Kastenorganisation war, irgendwelche Teile nachmißt. Das heißt also, auch hier liegt die gesamte Verantwortung für die Qualität in der Insel selber. Das ist auch im Kompetenzkatalog sehr genau beschrieben. Das geht so tief, daß auch Risikoanalysen gemacht werden, ebenfalls die statistische Prozeßkontrolle. Diese Verfahren werden angewendet und werden auch in entsprechenden Rechnern niedergelegt und dokumentiert. Die gesamte Qualitätsdokumentation ist Sache der Insel. Es gibt niemanden mehr, der dahinter noch irgend etwas nachkontrolliert, im Gegensatz zur alten Organisation, in der es noch eine Schlußprüfung gab. Natürlich haben wir auch recht komplizierte Teile, die für die Funktion des Fahrzeuges sehr wichtig sind, die zum Teil auch Sicherheitsteile sind. Hier gibt es spezielle gesetzliche Auflagen, die sehr genau dokumentiert werden müssen. Das wird gemacht mit entsprechenden CAQ-Rechnern in den Inseln selber und auch durch im Ablauf eingebaute Funktionskontrollen.

### *Die Mitarbeiter vollständig verantwortlich machen*

Voraussetzung dafür ist, daß die Mitarbeiter wirklich auch vollständig verantwortlich gemacht werden. Jede Insel weiß ja, daß ihre Produkte direkt ans Band unserer Kunden gehen, und es ist niemand mehr da, der das Produkt nachkontrolliert. Daher sind die Mitarbeiter gezwungen, dafür zu sorgen, daß die Teile in Ordnung sind, sonst würde die Insel Ärger mit dem Kunden bekommen bzw. mit Reklamationen rechnen müssen. Wenn wirklich mal ein Problemfall aufkommt – das ist ja höchst selten geworden –, dann geht normalerweise ein Inselmitarbeiter mit zum Kunden und versucht, die Sache zu regulieren, und läßt sich dann vor Ort auch informieren, was da nun wirklich passiert ist.

## *Anpassung der Aufbauorganisation*

Als wir feststellten, daß die erste Insel gut lief, haben wir weitere Inseln aufgebaut. Nun stellten wir fest, daß die Aufbauorganisation des Unternehmens dieser neuen Arbeitsorganisation gar nicht mehr entsprach. Wir hatten zuviel Hierarchien, wir hatten zu viele Kontrollinstrumente, die man nun nicht mehr braucht. Das hieß also, wir mußten die Aufbauorganisation völlig neu strukturieren. Das haben wir gemacht, indem wir Hierarchien abgebaut haben über das gesamte Werk. Also die ausführende Ebene (das sind die Produktinseln), Abteilungsleiterebene und die Werksebene, mehr ist da nicht mehr. Das heißt, wir haben in der jetzigen Struktur keine Gruppenleiter, Gruppenführer, Meister, Kolonnenführer, Vorarbeiter, Einrichter mehr. Es gibt zwar den selbstgewählten Gruppensprecher, der allerdings hierarchisch nicht vorgesetzt ist, sondern nur die Insel nach außen vertritt. Wir haben auch keine Meister mehr in diesem Werk. Sondern wir haben Inselbetreuer, die nicht vorgesetzt sind, die aber räumlich und auf gleicher Ebene in den Inseln leben mit den entsprechenden Büros und den Inseln helfen, ihre Aufgabe zu erfüllen. Man kann also sagen, die Aufbauorganisation löst sich weitgehend auf, vor allem die Hierarchien sind auf drei geschmolzen.

## *Nur noch Klammerfunktionen für die Zentrale*

Für die Zentralabteilungen bleiben letztlich nur noch Klammerfunktionen übrig. Wir haben ein Qualitätshandbuch, es sind bestimmte Dinge gegenüber dem Kunden zu dokumentieren, Audits z. B., die regelmäßig durchgeführt werden müssen. Wir müssen den ISO 9000-Standard halten und andere Dinge, die einfach durch die Inseln selber vernünftigerweise für das gesamte Werk nicht zu tragen sind. Ähnliches gilt sicher für die Personalabteilung. Das gilt auch für die Arbeitsvorbereitung, wenn es um größere Investitionen geht, die mehr das gesamte Werk umfassen. Nach unserer Erfahrung wird aber mit zunehmender Kompetenz der Inseln immer weniger für die Zentralabteilungen übrigbleiben.

## *Größte Hemmnisse: Kästchendenken und alte Organisationsstrukturen*

Die größten Hemmnisse für einen solchen Prozeß sind natürlich die in den Organisationsplänen festgeschriebenen viereckigen Kästchen, gemalte Organisationsstrukturen. Weil die alte Organisation, völlig dem Gedanken der Gruppenarbeit entgegen, mehr auf Kontrollieren von oben nach unten ausgerichtet ist. Deshalb scheitern die Versuche der Einführung von Gruppenarbeit oft, weil der Rahmen für diese Gruppenarbeit überhaupt nicht da ist, weil die Gruppe quasi in ein Gerüst hineingepreßt wird, das gar nicht für die spezifischen Belange dieser Gruppe gebaut wurde.

## *Freiheitsgrade konsequent erweitern*

Die alten Kontrollmechanismen, in denen ja wirklich alles kontrolliert wurde, je feiner, desto besser, die müssen abgebaut werden. Man muß den Mut haben, den Mitarbeitern die Freiheitsgrade zu geben, die sie brauchen, um erfolgreich sein zu können. Meine Aufgabe war es, vor allem diese Freiheitsgrade auch durchzusetzen, d. h. also auch gegen Strukturen zu kämpfen. Und es ist meine sehr persönliche Erfahrung: Wenn man die ganzen Bedenken auflistet, die man wahrnimmt, wenn man etwas Neues macht, dann wird man es nie machen. Aber die Praxis zeigt, wenn man es trotzdem macht, dann geht es (meistens) doch. Die Erfahrung ist ganz offensichtlich: Je freier die Mitarbeiter arbeiten können, je besser, qualifizierter und auch informierter sie sind, desto erfolgreicher sind sie auch nachher. In einem solchen Umfeld ist es nicht mehr notwendig, über besondere Anreize dafür zu sorgen, daß die Mitarbeiter erhöhte Leistungen bringen, sondern die Motivation hierzu kommt in der neuen Arbeitsorganisation von den Mitarbeitern selbst.

*Aus einem Gespräch mit Peter Büth, Leiter der Werke der Boge GmbH.*

# *Schott Glaswerke: »Total Customer Care«*

Warum konsequente Kundenorientierung
umfassende Kommunikation voraussetzt

*Total Customer Care* – Kurzform: TCC – heißt das Programm der von den Schott Glaswerken geführten Schott Gruppe auf dem Weg zu einer weltweiten, umfassend und konsequent praktizierten Kundenorientierung aller 17.000 Mitarbeiter. Dieses Programm ist ausgerichtet an sechs Grundsätzen mit jeweils vier Kernaufgaben und basiert auf den Werten: »freundlich, kompetent und zuverlässig«. Es ist dargestellt und erläutert in einem *Kursbuch der Kundenorientierung*. Das Programm wird verstanden und realisiert als ein umfassender Kommunikations- und Trainingsprozeß, der kaskadenförmig binnen 1000 Tagen alle Hierarchien und alle Bereiche der Schott Gruppe erreichen wird. Ein Prozeß, der ein Lernen der gesamten Organisation ermöglichen soll.

## *Missionieren reicht nicht*

Wir haben sehr früh damit begonnen, das Thema »Der Kunde ist König« zu missionieren. Wir waren der Auffassung, das müßte doch eine nachhaltige Wirkung haben. Nun hat das auch etwas Wirkung gehabt, allerdings bei einem sehr geringen Prozentsatz der Mitarbeiter. Die Ja-aber-Mentalität ist eben sehr stark ausgeprägt. Dies stellt man immer wieder fest. Man hört ein Ja. Und wenn man fragt: Was ist getan worden, was ist erreicht worden, wo stehen wir? Dann wird die Antwort meistens dünner, und man ist enttäuscht. Die Botschaft allein reicht nicht aus.

### *Vorstufen: Marketingorientierung, strategische Planung, Projektarbeit*

Deshalb ist es zunächst wichtig, sich die Vorstufen für das TCC-Programm anzusehen: Am Anfang stand die konsequente Ausrichtung des Unternehmens auf die Märkte. Wir haben uns vom produktionsorientierten zum marktorientierten Unternehmen entwickelt. Der Erfolg zeigte sich u. a. in der Verleihung des Deutschen Marketingpreises 1984. Ein weiterer Schritt war, daß wir uns in den 80er Jahren intensiv mit strategischer Planung befaßt haben. Strategische Planung hat auch dazu gedient, einen gewissen Gleichklang der Systeme bzw. Instrumentarien zu haben. Wir haben in dieser Zeit gelernt, daß es nicht ausreicht, wenn Marketing für sich arbeitet, die Produktion für sich etc. Wir haben gelernt, daß der Taylorismus in Reinkultur, wie wir ihn ursprünglich hatten, nicht mehr die Lösung sein kann. Und wir haben nicht zuletzt deshalb die übergreifende Projektarbeit im Unternehmen intensiv vorangetrieben.

### *Strategischer Rahmen und Vision*

Wir haben dann auf der Ebene des Vorstandes eine Vision entwikkelt. Konkret nennen wir das unsere *Vision 2002*. Das war ein ganz entscheidendes Erlebnis. Damit verbunden war, daß wir auf der erweiterten Ebene des Vorstandes und der Gruppenleitung in einem langen Prozeß von eineinhalb Jahren die Fähigkeit zu einer wirklichen Konsensbildung erzielt haben und die Fähigkeit, als Team zusammenzuarbeiten und als Team zu wirken.

### *Intensive Vorbereitungsprozesse*

Weshalb ich dies so ausführlich beschreibe: Es ist meine feste Überzeugung, daß es völlig nutzlos ist zu glauben, man könne ohne lange Vorbereitung solche Prozesse, wie wir sie jetzt machen, in die Umsetzung bringen. Das muß nicht genauso ablaufen wie bei uns, aber es muß die Fähigkeit entwickelt werden, einen gewissen Konsens zu erzielen horizontal und vertikal, um Verzahnungsprozesse einzuüben und durchzuführen.

### *Kundenorientierung als Programm*

Parallel zu diesen Vorbereitungsprozessen haben wir auch schon das Thema Kundenorientierung immer wieder in die Organisation hineingegeben. Aber irgendwann merkt man: Mit der Predigerei ist alles wunderschön, aber das verpufft zu schnell wieder im Tagesgeschäft. Wir haben dann gesagt, wir machen das anders, jetzt wird ein Programm entwickelt. Wir haben darüber lange diskutiert und dann Mitte Mai '92 bei einer Europatagung im gesamten Kreis der Führungskräfte klar gesagt, worum es ging. Dabei ist dann auch dieses 1000-Tage-Programm geboren worden, denn wir wollten vom Appell in eine wirklich konsequente Durchführung.

### *100%ige Verantwortung für ein Team*

Wir haben daraus ein Unternehmensprojekt gemacht. Unternehmensprojekte haben bei uns eine hohe Bedeutung und werden von einem Vorstandsmitglied betreut. In diesem Fall bin ich das. Es war klar, wir müssen einen Mann finden, der 100 Prozent seiner Zeit dafür aufbringt, gemeinsam mit einem Team von Mitarbeitern, die über ganz bestimmte Fähigkeiten verfügen. Glücklicherweise hatten wir jemanden im Unternehmen, da brauchten wir nicht lange nachzudenken, der hohe Integrationskraft hat und hohe missionarische Fähigkeiten. Wenn man das nicht hat, sondern nur jemanden beauftragt, der Instrumentarien exakt darstellen kann, können Sie alles vergessen. Wichtige Voraussetzung für das Gelingen ist so ein Team. Noch eines: Ich glaube, es ist ganz wichtig, daß man von Anfang an allen Mitarbeitern klarmacht, daß es nicht darum geht, *was* man tut, sondern *wie* man es tut. Es geht um die Art und Weise, wie man heute, morgen und übermorgen sein Geschäft zu betreiben hat. Außerdem ist es wichtig, daß man alle Gremien, Betriebsrat eingeschlossen, gleich am Anfang mit ins Boot nimmt. Der Betriebsrat war und ist bei uns von diesem ganzen Thema begeistert. Zusammenfassend: Wir haben gelernt, daß ein solches Projekt ein Team und das Team einen Projektleiter haben muß, der zu 100 Prozent dafür zuständig ist. Bei der Vorbereitung muß eine Priorität gesetzt werden von der Unternehmensleitung, sie muß sich vorher die Folgen klarmachen, daß sie einige gute Leute für einige Zeit aus dem Tagesgeschäft rauszieht.

### *Der Prozeß braucht Zeit und Multiplikatoren*

Es ist wirklich erstaunlich, wie lange man braucht und wie viele Vorbereitungs- und Diskussionsprozesse, um einen richtigen Schub zu bekommen, den wir erst seit einem halben Jahr haben. Aber alle, die es schneller angehen – ich stelle mal die gewagte These auf –, die werden irgendwo Probleme bekommen und müssen eine Schleife zurück machen und fangen dann vieles wieder neu an. Und das kann tödlich sein. Wenn sie etwas verändern und die Veränderung erfährt irgendwo einen großen Zweifel und große Probleme, dann sind nicht nur die Promotoren beschädigt, sondern das ganze Unternehmen hat dann Ressourcen verschwendet. Das kostet nicht nur Geld, auch Zeit. Das muß hundertprozentig klappen. Für uns ist auch wichtig, daß in jedem Bereich Personen ausgewählt werden mit Hilfe des Teams, die die Fähigkeit haben, als Multiplikatoren zu wirken. Das müssen Leute sein mit ähnlichen Eigenschaften wie der Projektleiter. Sie müssen sehr schnell geschult werden. Sie müssen die Fähigkeit zur Integration haben, sie müssen Durchsetzungsfähigkeit beweisen. Standing nicht von der Hierarchie her, sondern von der Persönlichkeit, von ihrer Überzeugungskraft, mit der sie so etwas durchführen können. In der Regel haben diese Leute eine große Chance, sich über eine solche Funktion weiterzuentwickeln.

## *Kommunikationskultur vorleben*

Ein Erfolgsfaktor für den gesamten Prozeß ist die Kommunikation. Wir entwickeln heute für jede wichtige Aufgabe ein Kommunikationskonzept, wer an wen was, wann, zu welcher Stunde, in welcher Form kommuniziert. Das hört sich sehr einfach an. Das läuft bei uns aber wirklich wie ein Generalstabsplan. Dann wundern sich manche hinterher, wieso das so gut war, und fragen: Wie habt ihr das gemacht? Wir leiten das aus unserer gewachsenen Führungskultur ab. Zum Beispiel ein ganz einfaches Prinzip in diesen Kommunikationskonzepten ist: Kein Betroffener wird es durch die Presse erfahren, sondern vorher. Über solche Selbstverständlichkeiten braucht man eigentlich nicht zu reden, aber wenn es nicht geregelt ist, können Probleme entstehen. Zusammenfassend gilt für die Ebene Unternehmensleitung: Als Team operieren, bevor man solche Prozesse in Gang setzt; kulturelle Werte vorleben; weil der Prozeß als solcher ja auch noch durch Rückkoppelung das Lernen in der Unternehmensleitung wieder fördert. Vorbild sein, denn sonst kann man nicht glaubwürdig diesen Prozeß begleiten.

## *Kommunikation und Führung*

Kommunikation ist, wenn Sendung und Empfang auf gleicher Wellenlänge liegen. Wir sind gewohnt, als eine Folge des bisherigen Führungsverständnisses, daß man sagt: »Wir machen das so und so, klar?«, und erhalten die Antwort: »Ja.« Ich denke, der Partner hat alles verstanden, was ich gesagt habe. Zu meiner großen Verwunderung hat er drei Tage später alles ganz anders gemacht. Kommunikation ist, wenn ich auch sichergestellt habe, daß das, was wir besprochen haben, auch gemeint und verstanden wurde. Wir spielen zu viel stille Post im Unternehmen. Darum haben wir ganz bewußt neben der Führung auch das Thema Kommunikation sehr stark aufgegriffen. Gemeint ist vor allem, wie wir persönlich kommunizieren, wie wir die Fähigkeit entwickeln, zuzuhören. Lernen zuzuhören ist eine Grundvoraussetzung zur

Fähigkeit, zu führen. Das gilt auch und gerade für die Menschen in den oberen Positionen: Je höher man glaubt, in seinem Leben gekommen zu sein, um so mehr muß man daran arbeiten.

Übrigens ist es bei uns Usus geworden, daß sich die Führungskräfte beurteilen lassen. Wir als Unternehmensleitung haben uns bereits der Beurteilung gestellt. Das war schon ein Novum. Wir haben das Ergebnis dieser Beurteilung über unseren Kreis hinaus bekanntgegeben. Es gab keine Diskussion darüber, ob man das tun sollte oder nicht. Wir haben eine ganz gute Beurteilung bekommen, doch wurden auch Defizite festgestellt. Wir sind dabei, diese Defizite abzuarbeiten.

## *Das große Thema Administration*

Sicherlich haben wir noch Schwierigkeiten im TCC-Projekt. Weniger bei den Produktionseinheiten mit den Meistern, sondern in dem Feld, das ich ganz allgemein als Administration bezeichnen möchte. Wir haben schon vor Jahren unabhängig von der wirtschaftlichen Situation als Notwendigkeit erkannt, die Produktivität in den Büros zu verbessern. Genau das kommt jetzt auch mit dem Prozeß von TCC in Gang. In dieser Administration wird jetzt erkannt, daß bei dieser Art, wie wir die Kommunikation betreiben wollen, wie wir einfacher, schneller miteinander umgehen wollen, wie wir uns stärker auf Kunden einstellen – einer ist der Kunde des anderen, fragt aber auch nach seiner Leistung –, daß hier die Macht etwas anders verteilt sein wird. Die Macht der Information, die bisher verteidigt wurde mit dem Schreibtischschlüssel, ist plötzlich im Computer und nicht mehr automatisch im Mittelmanagement. Ich glaube, daß wir hier noch ein großes Stück Arbeit vor uns haben, das wir aber bewältigen werden. Wir werden es durch flachere Hierarchien und einen anders gestalteten Kommunikationsprozeß bewältigen.

## *Auf dem Weg zur Prozeßorientierung*

Inzwischen zeichnet sich ab, daß der Prozeß nicht nur 1000 Tage dauern wird, sondern erheblich länger. Was wir dabei fordern, ist, daß sich bis zur Gruppenarbeit die Teamarbeit, Projektarbeit und klare Prozeßorientierung durchsetzen. Mit Hilfe dieses TCC-Programms wollen wir im ganzen Unternehmen auf die Prozeßorientierung hinaus und werden sie auch dadurch erreichen.

## *Auf die Konsequenz und auf die Mitarbeiter kommt es an*

Alles, was wir jetzt machen, machen wir mit Konsequenz. Wenn man der Überzeugung ist wie wir, daß dieser Prozeß der richtige ist – und das wird uns von allen Seiten bestätigt –, dann lassen wir uns dieses Vorgehen nicht mehr vermiesen. Daraus folgt das Fazit: Wir glauben, daß der weitaus größte Teil der Mitarbeiter, auf die es ankommt, auch der Arbeiter, auch der Meister, fähig und willens ist, solche Prozesse zu akzeptieren, auch Verantwortung zu übernehmen. Wir sind auch der Meinung, jeder soll hier als Individuum, als Mensch seine Verantwortung bekommen, dann allerdings daran auch gemessen werden. Jeder muß selber wissen: Auf mich kommt es an, wenn ich nicht da bin, dann läuft der ganze Laden nicht. Ich bin sicher, daß wir damit der Erwartungshaltung unserer Mitarbeiter entsprechen, daß unsere Kunden uns durchgängig als freundlich, kompetent und zuverlässig erleben und wir dadurch auch insgesamt als Unternehmen auf Dauer erfolgreicher sein werden.

*Aus einem Gespräch mit Helmut Fahlbusch, Sprecher des Vorstandes der Schott Glaswerke.*

# *TUI: »Codierung des Wandels«*

Die Leitbilder helfen, ein Unternehmen zu revitalisieren

Die Touristik Union International GmbH & Co. KG – Kurzform TUI – hat seit 1990 einen tiefgreifenden und zugleich erfolgreichen Erneuerungsprozeß durchlaufen. Das Unternehmen ist auf dem Weg vom nationalen Reiseveranstalter zum internationalen Freizeitkonzern. Der Wandel von Struktur und Kultur wurde durch zehn Unternehmensgrundsätze gefördert und durch eine – mit den Grundsätzen verknüpfte – intensive Projektarbeit unterstützt.

## *Strategische Neuausrichtung seit Ende der 80er Jahre*

Wenn wir den historischen Ansatz nehmen: Ende 89/90 war der Zeitpunkt, wo die Vorgängerinstitute der TUI, nämlich Scharnow, Dr. Tigges, Touropa, also die alten Veranstaltermarken, zugunsten der Monomarke TUI aufgegeben wurden. Vorher war deutlich geworden, daß wir uns zwar wie der gesamte Reisemarkt im Aufwind bewegt haben, aber weniger als der Markt insgesamt. Das heißt, die Marktanteile waren kontinuierlich von 30 über 28 bis runter auf 20 Prozent gefallen. Diese Erkenntnis schreit danach, etwas zu ändern. Den ersten Veränderungsmeilenstein gab es im April '90 mit dem Abschlußbericht einer Strategiestudie. Die erste Kernaussage dieser Studie war: TUI muß sich vom nationalen Veranstalter zum internationalen Freizeitkonzern wandeln. Die zweite Aussage war: Um das zu tun, müssen wir das Kerngeschäft sanieren/optimieren, je nachdem von welcher Grundhaltung man ausgeht. Und wir müssen in der sogenannten Wertschöpfungskette expandieren. Und das dritte war, wir müssen für die Realisierung dieser beiden Ziele die organisatorischen Voraussetzungen schaffen. Diese drei Ansätze sind nach wie vor gültig, auch wenn sich selbstverständlich die Gewichte verlagert haben. Das Projekt, an dem ich gerade arbeite, das Gebiet Geschäftsfeld-Strategien, hat mit dieser Grundausrichtung vor allem zu tun: Wie sieht das Geschäftsfeld Freizeitmarkt in Zukunft aus, auf dem wir erfolgreich sein wollen; in welcher Form müssen wir das machen? Das ist also noch ein offenes Feld. Was besonders erfolgreich gelaufen ist seit 1990, ist die Umstellung der Marken. Die Bekanntheit der Marke TUI ist drastisch gestiegen durch starke kommunikative Präsenz in den Medien. Die Markenbekanntheit ist mittlerweile so hoch wie der sonstige Spitzenreiter Neckermann. Das ist bei diesem Markt, wo der Informations-Overkill täglich präsent ist, schon eine ganz gute Sache.

### *Markenauftritt, Kerngeschäft, organisatorische Anpassung*

Dann ging es darum, das Kerngeschäft zu stärken. Diese Stärkung des Kerngeschäfts wurde dadurch praktiziert, daß aus den einzelnen Veranstalterkatalogen sogenannte Länderkataloge wurden. Das war auf dem Markt eine ziemliche Revolution, weil bis dahin immer ein Katalog herausgegeben wurde, in dem alle Zielanbieter aufgelistet waren. Und jetzt kam TUI mit einem TUI Italien, TUI Frankreich-Benelux, TUI Spanien Festland etc. Unsere Zielgebietskompetenz ist uns selbst erst so richtig deutlich geworden, als wir das alles gebündelt hatten. Das war also die Frage der Markenkompetenz, verbunden mit einer deutlich stärkeren Werbepräsenz. Dann haben wir die Organisation diesen Maßnahmen angepaßt insofern, als wir Produktmanagements und Länderbereiche eingesetzt haben. Das heißt, also parallel zum Auftritt gegenüber dem Kunden haben wir auch die Organisation umgebaut. Zusammenfassend: Markenauftritt, Länderkataloge, Ausrichtung der Organisation nach diesem Produktauftritt mit den entsprechenden Produktmanagements. Das waren die Maßnahmen, die wir 1990 eingeleitet haben.

### *Wandel der Methoden der Steuerung*

Durch den Wechsel des Vorstandssprechers und durch den Wechsel unserer Gesellschafter ist 1993 eine ergänzende Komponente hinzugekommen. Es ist zwar nach wie vor so, daß die Ziele von 1990 gelten. Doch die Methode, wie wir es umsetzen, hat sich gewandelt. Die Methode ähnelt mehr dem Herangehen, das Sie in Ihrer Lean-Management-Studie beschrieben haben. Stichwort: Steuerung durch Kommunikation. Da finde ich interessante Parallelen. Wir haben Unternehmensgrundsätze formuliert, diese Unternehmensgrundsätze in Form von Projektarbeit hierarchieübergreifend und ressortübergreifend im Hause umgesetzt.

### *Unternehmensgrundsätze, Paten, Projektteams*

Natürlich geht es darum, die Geschäftsbasis von der kostenmäßigen Seite her zu optimieren. Zugleich aber auch – und das bedingt einander – müssen die Mitarbeiter in stärkerem Maße in die Neuausrichtung eingebunden werden. Eine der ersten Maßnahmen in dieser Richtung war, daß wir im zweiten Halbjahr '93 TUI-Unternehmensgrundsätze erarbeitet haben. Sie wurden im November/Dezember den Mitarbeitern vom Vorstandssprecher präsentiert und ihnen in einem persönlichen Exemplar übergeben. Gleichzeitig mit der Verkündung der Grundsätze haben wir zehn Projektteams etabliert. Diese zehn Projektteams unterstanden jeweils einem Grundsatzpaten aus der ersten Führungsebene, der sich auf Dauer für seinen Grundsatz zuständig fühlt. Die Aufgabe jedes Teams war, seinen Grundsatz umzusetzen. Die Paten haben Teams gebildet, wobei die Spielregeln waren: Erstens bildet sich das Team aus Mitarbeitern unterschiedlicher Hierarchiestufen; und zweitens, es muß so zusammengesetzt sein, daß mindestens einer aus jedem Ressort dabei ist, um sowohl die ressortübergreifende Sicht als auch die hierarchieübergreifende Sicht zu praktizieren. Diese Projektgruppen haben im November und Dezember getagt. Der Gruppenumfang lag zwischen fünf und acht, also sie blieben überschaubar. Wir haben ganz bewußt gesagt, wir wollten das als kompaktes Programm durchziehen und wir wollten bis zum Jahresende fertig werden.

### *Umsetzungsvorschläge bündeln und vernetzen*

Die Gruppen haben etwa 70 Umsetzungsvorschläge erarbeitet. Diese Umsetzungsvorschläge haben wir gebündelt, haben sie vernetzt. Weil von verschiedenen Teams durchaus Vorschläge kommen können, die sehr ähnlich sind. Beispielsweise hatte ein Team vorgeschlagen, eine Art Qualitäts-/Kunden-Ombudsmann zu etablieren. Also jemanden, der für die Kunden Ansprechpartner ist, wenn sie Probleme mit TUI haben. Eine andere Gruppe schlug vor, wir müßten so etwas wie ein zentrales Qualitätsmanagement einrichten.

### *Erarbeitung durch erste und zweite Führungsebene*

Die Grundsätze waren übrigens ausführlich zwischen Vorstand und erster Bereichsleiterebene diskutiert worden. Die bekamen die Hausaufgabe, zu prüfen, was noch nicht klar ausgedrückt war, so daß also das, was schließlich in der Broschüre der zehn TUI-Grundsätze niedergelegt ist, vom gesamten Management getragen wird und allen Mitarbeiten bekannt ist. Unser Vorstandssprecher, Herr Dr. Corsten, hatte gegenüber den Bereichsleitern und den Mitarbeitern betont: Die Unternehmensgrundsätze haben für uns Verfassungsrang. Dies wurde auch mit entsprechenden Kommentaren in der Mitarbeiterzeitung publiziert.

### *Sechs Projektteams für die Umsetzung*

Nach Abschluß der Arbeit der zehn Grundsatzteams haben wir Projektteams eingerichtet, die die Umsetzungvorschläge realisieren, begleitet von den Paten, die auch einen Grundsatz vertreten haben. Ein Projektteam befaßt sich mit einer Kosten-Nutzen-

Analyse von Flugmodifikationen. Flugmodifikation heißt, daß ein Flug, der auf einer bestimmten Strecke zu einem bestimmten Zeitpunkt vorgesehen war, aufgrund von Unter- oder Überbelegung geändert werden muß. Das wiederum bedeutet, daß der Gast, der einen bestimmten Flug erwartet hat, möglicherweise einen anderen Sitzplatz bekommt, als er gebucht hatte, oder von einem anderen Flughafen abfliegen muß oder zu einer anderen Zeit. Das Spannungsfeld zwischen betriebswirtschaftlicher Optimierung und Optimierung der Kundenzufriedenheit ist evident. Ein weiteres Team nennt sich TUI-Qualitätsoffensive, bewußt Offensive, nicht Initiative. Weil wir schon auf etwas aufbauen, denn unser Image beim Kunden bezüglich der TUI-Qualität ist gut. Es geht darum, dies noch stärker zu untermauern. Es war auch ganz deutlich, wie stark die Mitarbeiter an diesem Thema interessiert sind, weil nämlich etwa zwei Drittel der Vorschläge zur Umsetzung der Grundsätze sich im weitesten Sinne mit Qualität befaßt haben. Also, Qualität bei der Abwicklung, Qualität im Katalog, Qualität im Zielgebiet und solche Dinge. Das dritte Projekt ist die Entwicklung von neuen Geschäftsfeldern aus der Überlegung heraus: Wo haben wir in unserem Leistungsbündel Elemente, die wir an andere Zielgruppen verkaufen könnten? Beispielsweise der Geschäftsreisenbereich ist bei uns noch nicht hinreichend beachtet. Unser Kunde ist der Urlaubsreisende. Möglicherweise gibt es eine ganze Reihe von Geschäftsreisenden, die wir in unseren Maschinen befördern könnten. Wir bieten ja auch Baustein-Verkauf an, wir bieten Hotel only und Flug only. Bei allen Projekten war besonders wichtig: Wir haben in Teams Ideen entwickelt, wir haben mit Hilfe der Mitarbeiter geschaut, wo haben wir Defizite, wo müssen wir etwas verändern.

### *Umgang miteinander, ressortübergreifendes Zusammenarbeiten*

Wir haben für die Umsetzungsarbeit noch keinen Dachbegriff gefunden. Ich glaube, es steckt da drin die Überzeugung, daß wir nicht versuchen, Systeme zu schaffen, sondern daß wir üben, miteinander umzugehen. Das ist die Kernidee des Ganzen, die auch Dr. Corsten vertritt. So nach dem Motto: Ein suboptimales System kann hervorragend funktionieren, wenn die Leute miteinander können. Und wir können ein noch so ideales System aufbauen, wenn die Leute Konflikte haben, läuft das System nicht. Und diese stärker die Beziehungsebene betonende Arbeit steht jetzt im Moment im Vordergrund. Und ob jetzt dabei herauskommt, daß wir uns aufbauorganisatorisch anders aufstellen, das folgt eigentlich erst hinterher. Aber zunächst einmal haben wir Defizite bei der ressortübergreifenden Zusammenarbeit abgebaut.

### *Übergreifendes Denken und Handeln im Team*

Die Mitarbeiter lernen in den Teams, übergreifend zu denken und zu handeln. Das war und ist der wichtigste Effekt in der Projektarbeit. Ich habe es am eigenen Leib erlebt. Es herrscht eine Riesenmotivation, weil Leute völlig unterschiedlicher Hierarchieebenen, gewissermaßen anarchisch, zusammengekommen sind, da ist eine unglaubliche Power daraus entstanden. Ich habe es vorher erlebt in einem anderen Arbeitskreis, der initiiert worden war durch unseren Umweltbeauftragten. Der hatte so viel mit den Umweltfragen in den Zielgebieten zu tun, daß die Frage offenblieb, was macht die TUI eigentlich im eigenen Hause. Daraufhin hatten wir einen kleinen Arbeitskreis gegründet: Innerbetrieblicher Umweltschutz. Da war ich auch Mitglied. Das war ein völlig hierarchiefreier Arbeitskreis, ich war auch nicht Vorsitzender, sondern ein normales Teammitglied, Leiter war ein Hauptabteilungsleiter, der im Innendienst tätig ist. Der Kreis hat einmal im Monat 1,5 Std. getagt und hat über zwei Jahre das Haus ökologisch umgekrempelt, das funktionierte.

Wir haben neue Medien gefunden, wie wir Mitteilungen an Mitarbeiter bringen, mit einer ganz simplen Idee: Es gibt jede Woche einen Speiseplan. Wir haben die freie Rückseite als Vorderseite des Speiseplans deklariert und haben dort Umwelthinweise veröffentlicht. 100 Stück zwei Jahre lang. Wir haben in diesem Team Ideen entwickelt, wie wir die TUI umweltmäßig weiterbringen können, weil Mitarbeiter der verschiedenen Hierarchiestufen, die sonst nicht miteinander arbeiten, plötzlich an einer Aufgabe zusammensitzen. So war es auch bei den Projektgruppen: Eine Aufgabe, unterschiedliche Mitarbeiter mit unterschiedlichen Talenten, und das gibt Kraft in so einem Team.

*Aus einem Gespräch mit Dr. Alexander Leschinsky, Bereichsleiter Strategische Unternehmensplanung der Touristik Union International GmbH & Co. KG.*

# *Hypo-Bank: »Ohne Filialleiter«*

Warum Strukturveränderungen nur im Dialog erfolgreich realisiert werden können

Mit dem Projekt '91 hat die Bayerische Hypotheken- und Wechsel Bank AG zu Beginn der 90er Jahre eine umfassende Umstrukturierung eingeleitet, um flexibler auf Marktveränderungen reagieren und noch gezielter auf die Bedürfnisse der Bankkunden eingehen zu können. Die Vorbereitung und Durchführung dieses Projekts basierte auf der Überzeugung, daß ein dialogorientierter kollektiver Lernprozeß Grundvoraussetzung für das Gelingen ist.

## *Sukzessive Neuausrichtung der Bank*

Wir sind eigentlich über viele Jahre hinweg unmerklich in die Richtung gegangen, die wir im gegenwärtigen Veränderungsprozeß ausdrücklich und konsequent realisieren. Das lief nicht unter den Begriffen Lean-Banking oder Reengineering. Sondern ohne einen speziellen Titel haben wir flache Strukturen geschaffen mit heute nicht mehr als drei bzw. in einem breiter aufgestellten Kundenressort vier Führungsebenen, wir haben frühzeitig über verstärkte Kundenorientierung geredet, und wir haben natürlich kontinuierlich unsere dialogorientierte Unternehmenskultur entwickelt.

## *Divisionale Struktur: mehr Flexibilität und Kundenorientierung*

Wir haben nun in den letzten Jahren ein größeres Umstrukturierungsprojekt angepackt. Das Projekt '91. Mit dem Ziel, das Kerngeschäft neu auszurichten und flexibler auf Marktveränderungen reagieren zu können. Wir haben uns eine divisionale Struktur gegeben, fokussiert auf speziell zugeschnittene Teilmärkte mit klar abgegrenzten Geschäftsfeldern, aber alles unter dem gleichen Dach. Die Divisionalisierung befähigt uns bzw. die 500 Hypo-Bank-Filialen, in fünf eigenständigen Kundenressorts noch zielgerichteter auf die Bedürfnisse der Bankkunden eingehen zu können, die Beratung noch kompetenter zu gestalten und die Reaktionsgeschwindigkeit zu erhöhen.

### *Kundenressorts ohne Filialleiter*

Das heißt, wir haben auch in den Filialen eigenverantwortlich agierende Kundengruppen, z. B. für das Privatkundengeschäft oder das Geschäft mit Handel- und Gewerbetreibenden, die nicht mehr der Weisungsbefugnis eines Filialleiters unterstehen. Sie haben vielleicht die Schlagzeilen gelesen: Hypo schafft Filialleiter ab. Das war ein Hammer. Das betraf ja nicht nur die Hypo, das betraf die ganze Branche. Das ist schon ein wagemutiger Schritt gewesen, den muß man erst mal durchstehen und vor allen Dingen vorbereiten.

### *Bewußte Gestaltung der Unternehmenskultur und Vorbereitung durch den »Noch-besser-Prozeß«*

Wir müssen noch einmal betonen, daß wir bereits vorher in der bewußten Gestaltung unserer Unternehmenskultur Weichen gestellt hatten. Wir haben die Veränderungen, die auf die Menschen, sei es die Mitarbeiter oder die Kunden, zukommen würden, antizipiert. Es gibt schon länger einen Prozeß, einen Quality-Service-Prozeß, der bei uns der *Noch-besser-Prozeß* hieß, wo die Mitarbeiter aufgefordert sind, ihr eigenes Verantwortungsgebiet noch einmal kritisch zu überprüfen. Zu schauen, wie kommen sie eigentlich so hin im Verhältnis zum Kunden, im Verhältnis zueinander, im Verhältnis zu den Vorgesetzten. Im Prinzip die eigenen Arbeitswege kritisch zu durchleuchten. Das ist eine tolle Geschichte, weil so die Bank von zwei Seiten durchflutet wird.

### *Mitarbeiter als Individuum akzeptieren*

Wichtig für uns war und ist, daß wir den Mitarbeiter nicht als Instrument einer instrumentellen Unternehmensführung sehen, sondern den Mitarbeiter als Individuum, als Mensch akzeptieren mit all seinen Ausprägungen und ihn in der Bank genauso menschlich als Individuum behandeln. Wenn man den Mitarbeiter, der in seinem Privatleben eine große Verantwortung trägt, im Unternehmen nach dem klassischen alten Führungsmuster behandelt, verschenkt man viel Kreativität und Engagement von Mitarbeitern. Das nennen wir immer so salopp: dem Mitarbeiter jeden Tag einen Einkaufszettel zu schreiben, damit er weiß, was er zu tun hat. Wir haben dazu eine ganz andere Einstellung. Und nur so kann man einen Prozeß gestalten.

### *Intensive Auseinandersetzung im Vorfeld*

Viele Unternehmen beteiligen zwar bei normalen Projekten die Führungskräfte und die Mitarbeiter unterhalb der Vorstandsebene. Aber wenn es um Strukturveränderungen geht, wird das eine Closed-shop-Veranstaltung innerhalb des Vorstandes. Wir haben im Gegensatz dazu uns ganz bewußt geöffnet, weil wir gesagt haben, wenn wir das Projekt insgesamt so anlegen, muß frei diskutiert werden. Wir haben deshalb in der Breite der Bank gerade im Vorfeld eine intensive Auseinandersetzung mit dem Thema gehabt und haben das Haus intensiv darauf vorbereitet. Wir verstehen uns von unserem Organisations- und Prozeßverständnis her als eine lernende, sich selbst entwickelnde Organisation. Es geht darum, das Ideenpotential der Mitarbeiter zu nutzen, in den Köpfen kritisches Denken zuzulassen und die machen zu lassen.

### *Workshops quer durch alle Hierarchieebenen*

Wir haben von vornherein sämtliche Betroffenen – und das waren eigentlich alle in der Bank, das ganze Filialnetz, sämtliche Filialen waren betroffen – frühzeitig integriert, haben die ersten Ideen gemeinsam in Workshops auf den Prüfstand gestellt. Die Diskussion ist bewußt gesucht worden, und zwar über alle Hierarchieebenen. Also sehr weit runter bis auf die unterste Führungsebene.

### *Rolle der Kommunikation*

Das Ganze haben wir natürlich flankiert durch eine professionelle Kommunikationsstrategie mit der klaren Maßgabe von innen nach außen. Originäre Zielgruppen sind zunächst die Mitarbeiter, dann die Kunden und als allerletztes die allgemeine Öffentlichkeit. Weil wir verhindern wollten, daß dem Kunden etwas über Werbung signalisiert wird, was er vor Ort noch nicht sieht. Wir haben spezielle Veranstaltungen organisiert und mit allen Führungskräften auf diesen Veranstaltungen gesprochen. Wir hatten nicht den Anspruch, zu sagen, Kommunikation heißt, vor 150 Leuten einen Vortrag zu halten, sondern wir haben es runtergebrochen auf Arbeitsgruppen, haben in Kleingruppen gearbeitet, wo auch das Projektteam präsent war. Da muß man einen unheimlichen Aufwand reinstecken.

### *Gerade in guten Zeiten anfangen*

Ein wichtiger Grund für die breite und intensive Diskussion der Umstrukturierung war natürlich auch, daß wir antizyklisch gehandelt haben. Das heißt, wir haben die Restrukturierung in einer Zeit von steigenden Ertragszuwächsen durchgeführt. Wir hatten ja von Jahr zu Jahr stattliche Zuwachsraten erwirtschaftet. Wenn Sie in einer Phase mit Ergebnissteigerungen von 20 bis 30 Prozent, in der die Führungskräfte tolle Arbeit geleistet haben, kommen und sagen, das muß alles noch besser werden, bekommen Sie natürlich Widerstände nach dem Motto: Was wollen die denn von mir, mehr als 30 Prozent Steigerung kann ich doch gar nicht realisieren. Diese Hürde ist dann da, und in jedem Anpakken eines neuen Projekts, einer neuen Struktur, einer Veränderung, liegt ja die Kritik an dem Bestehenden. Wir haben den Leuten gesagt, hervorragend, akzeptiert, deine 30 Prozent sind Spitze. Nur, wir wollen, wenn die Zeiten schlechter werden, auch noch Spitze sein. Und wir sehen, alle bewegen sich, alle verhalten sich kundenorientierter, und wir müssen uns jetzt frühzeitig darauf einstellen.

### *Investitionen in den Prozeß haben sich rentiert*

Wenn man diesen Ansatz der breiten und intensiven Diskussion geht, den wir bei diesem Prozeß gewählt haben, dann muß man sich natürlich darauf einstellen, daß dann die Konzeptphase bis zur Implementierung länger dauert als im klassischen Ansatz der Reorganisation mit Konzeptausarbeitung hinter verschlossenen Türen, um dann das Konzept durchzupowern. Doch das mit der Restrukturierung ist schlicht unternehmerisch eine Investition. Sie investieren in der ersten Phase des unternehmensweiten Dialoges in die spätere Umsetzung. Und müssen sich dann nicht mehr soviel Zeit nehmen. Heute können wir sagen, die Investition hat sich wirklich rentiert. Und die Umsetzungsphase kann viel konsequenter praktiziert werden und auch in viel kürzerer Zeit. Wir erleben das jetzt gerade. Wir haben aus der Konzeptphase einen gleitenden Übergang in die Umsetzungsphase gehabt. Wir haben zunächst Teststellen in bestimmten Regionen und Filialen ausgewählt und haben in den Teststellen gemeinsam mit den Betroffenen vor Ort die Feinkonzipierung und Umsetzung weitergetrieben.

### *Kaskadenförmige Umsetzung in Stufen*

Wir haben dabei ein Kaskadenmodell eingesetzt und jeweils die Leute aus den Stufen 1 und 2 – in diesem Fall aus Franken und München – mit herangezogen zu Ausbildungszwecken und zur Einführung der Umsetzung in der Stufe 3. Das Projektteam begleitet die Umsetzung beratend. Das Team haben wir angereichert um Koordinatoren, die den Umsetzungsprozeß an allen möglichen Stellen vernetzen. Immerhin reden wir von 500 Filialen, in denen Umbauten stattfinden, in denen Arbeitsplätze von Mitarbeitern verändert werden. Das ist bereits von der Logistik her ein enormes Projekt. Vom Beschluß bzw. vom Beginn des Projektes bis zur organisatorischen Umsetzung der letzten Stellen kamen wir insgesamt auf einen Zeitraum von knapp drei Jahren.

### *Erste positive Rückmeldung von Kundenseite*

Natürlich ist der Prozeß für uns damit nicht zu Ende. Obwohl wir sagen können, unsere verstärkte und konsequente Ausrichtung am Kunden zeigt erste Spuren. Durch verschiedene Marktforschungen wurde uns signalisiert, daß die Bank sich tatsächlich in Bewegung befindet.

### *Permanente Veränderungen notwendig*

Doch das kann ein trügerischer Frieden sein. Denn wir sind fest davon überzeugt: eine Struktur muß regelmäßig verändert werden, nicht nur, weil der Markt sich ändert, sondern auch um einfach die Bequemlichkeit und die Verfettung zu vermeiden. Deshalb muß man in den Austausch mit den Mitarbeitern und in die Diskussion noch tiefer hineingehen. Wenn der Zug mal in Bewegung ist, insofern ist der Weg auch das Ziel, machen wir es richtig. Nur, wir dürfen natürlich nicht schlafen und unmerklich Fett ansammeln. Dann ist unser Vorsprung weg.

### *»Built-in-Flexibilität«*

Wir hatten und haben als eher konservativ eingeschätztes Institut immer den Mut gehabt, uns an die Spitze der Bewegung zu stellen. Vor zwölf, dreizehn Jahren waren wir mit der Einführung von Kundengruppen die erste größere Bank, die das überhaupt gemacht hat. Was erfolgreich ist, wird kopiert. Wie unsere Struktur jetzt von den anderen genau beobachtet wird. Das wird diskutiert in den entsprechenden Kreisen, man verfolgt das ganz genau. Die Hypo hat den Mut gehabt, unkonventionelle Wege zu beschreiten und den Dialog extern und intern wirklich zu wollen, und wir haben damit bisher Erfolg gehabt. Wir wollen im Prinzip eine »built-in-flexibility« gestalten, die das Unternehmen so ertragsstark werden läßt, daß wir, wenn wir in Widrigkeiten kommen werden, diese gut, d. h. besser als andere überstehen.

*Aus einem Gespräch mit Hans-Michael Besig (Leiter Unternehmenskommunikation) und Werner Münstermann (Leiter Unternehmensplanung) der Hypo-Bank AG.*

# *SAP AG: »Vom Kunden lernen«*

Wie man schneller wächst als der Markt

Die SAP ist das größte und erfolgreichste deutsche Softwarehaus mit einem jährlichen Umsatzzuwachs von über 30 Prozent. Das Unternehmen entwickelt Standardprodukte der Anwendungssoftware, die betriebswirtschaftliche Abläufe und Geschäftsprozesse von Unternehmen abbilden und steuern helfen. In den letzten zehn Jahren hat sich die SAP von einem mittelständischen Softwarehaus zum führenden internationalen Anbieter von betriebswirtschaftlicher Standardsoftware gewandelt. Dem Unternehmen ist es gelungen, den Wachstumsprozeß gleichsam als permanenten Erneuerungsprozeß zu gestalten und den Erfolg seiner Produktfamilie im Großrechnerbereich nach einem radikalen Generationswechsel in dem zukunftsweisenden Markt der offenen Computersysteme fortzusetzen. Diese Wandlungsfähigkeit wird durch eine Unternehmenskultur ermöglicht, in der Kreativität, ständiges Lernen und offene Kommunikation zu den Spielregeln gehören.

## *Atypischer Veränderungsprozeß*

Bei anderen Unternehmen stellt sich derzeit eher die Frage: »Wie werden wir schlank, wie werfen wir Ballast ab?« Insofern ist der wesentlichste Veränderungsprozeß, der innerhalb der SAP zu managen ist, ein eher atypischer. Hier steht man nämlich vor der andauernden Herausforderung, wie angesichts des Wachstums Qualitäten aus der Vergangenheit den veränderten Umständen so angepaßt werden, daß der ganzheitliche Aspekt des Denkens und Handelns innerhalb des Unternehmens gewahrt bleibt. Es galt, neue technologische und internationale Herausforderungen anzunehmen, ohne mit dem Wachstum dem vermeintlichen Zwang zum Aufbau bisher vermiedener Hierarchien zu erliegen und dabei die Reaktionsschnelligkeit zu vermindern.

### *Technologische Entwicklungen zur richtigen Zeit abpassen*

Permanente Anpassungsfähigkeit an veränderte Märkte gehört für ein High-Tech-Unternehmen zu den Überlebensvoraussetzungen. Ein Unternehmen wie SAP, dessen Produkt den Lebensnerv des Geschäfts großer internationaler Unternehmen berührt, steht dabei vor einer besonderen Verantwortung. Es muß die Chancen neuer Technologien frühzeitig erkennen und andererseits ihre Marktreife genau abpassen. Bei der Dynamik und der Schnellebigkeit der Informatikentwicklung ist der Zeitpunkt einer neuen Produkteinführung besonders kritisch. Schon frühzeitig (1988) stellten wir uns den Herausforderungen mit einer veränderten Produktstrategie und einem veränderten Entwicklungskonzept. Ein deutliches Umdenken war innerhalb der SAP gefordert, bei der bislang alles um ein einziges Produkt herum in der damals noch heilen IBM-Welt aufgebaut war.

### *Zum Erfolg verurteilt*

Für den Erfolg war entscheidend, daß das Ziel fest im Auge behalten und die neue Produkteinführung auch tatsächlich innerhalb des geplanten Zeitraums von 1992 bis 1994 erreicht wurde. Ein wesentlicher Impuls war die Einsicht, daß ein zweiter Wurf nicht möglich sein würde. Es ging nicht um Erfolg oder Mißerfolg eines Entwicklungsprojekts, sondern um die Zukunft der Firma. Das bedeutete, an dem Ziel Innovation mit einer großen Flexibilität innerhalb des Projekts festzuhalten. Man muß Innovation wollen und nicht 1001 Gründe finden, warum es doch nicht geht. Besonders wichtig sind Mitarbeiter, die bei dem oft schlingernden Kurs und unsicheren Gelände nicht den Mut verlieren, sondern eigenverantwortlich auf ihre Lösungskompetenz vertrauen.

### *Mit Kunden Standards entwickeln*

Alle Informationstechnik im Unternehmen dient letztlich dem Ziel, mit Planungs-, Steuerungs-, Kontroll- und Dokumentationsfunktionen betriebliche Abläufe zu erleichtern. Die Durchdringung dieser Abläufe mit Informatik geht so weit, daß man von einem neuen Produktionsfaktor Informatik spricht. Von dem richtigen Einsatz der Informatik hängen entscheidend die Wirtschaftlichkeit und Wettbewerbsfähigkeit eines Unternehmens ab. Andererseits ist die Einstellung von Informationslösungen selbst so teuer geworden, daß sie von einem einzelnen Unternehmen kaum allein finanziert werden kann. Der Ansatz von Standardsoftware besteht darin, Kunden für ihre im Prinzip ähnlichen Probleme einen flexiblen Lösungsbaukasten anzubieten. Diese Grundidee ist von der SAP von Beginn an konsequent verfolgt worden. Sie verlangt ein bestimmtes Denken aller Beteiligten, denn die Lösungen sind kaum nach dem Lehrbuch entwickelbar. Sie benötigen den Anstoß und die Anpassung aus der betrieblichen Praxis. Jeder Entwickler, jeder Berater unseres Unternehmens ist sich darüber im klaren, daß er auch beim Kunden ist, um zu lernen. Er muß zuhören können. Auf der anderen Seite hat er eine Filterfunktion, eine strukturierende Aufgabe, um von der individuellen zu einer tragfähigen generalisierten Lösung zu kommen. Ganzheitliches Denken bei der SAP heißt: ein ständiger Lernprozeß in der Kundendiskussion, um daraus einen innovativen Standard für einen größeren Markt zu entwickeln. Aus dem verbreiteten Einsatz wiederum gelangen Kenntnisse zurück, die in den nächsten Produktzyklen an alle Kunden weitergegeben werden. In diesem Prozeß übernehmen wir eine hohe Verantwortung gegenüber unseren Kunden.

### *Lernfähigkeit als Auswahlkriterium*

Aus dieser Verantwortlichkeit ergibt sich eine besondere Auswahl der Belegschaft. Selbstverständliche Voraussetzungen sind fachliche Kompetenz und Selbständigkeit sowie praktische Lernfähigkeit. Letztere ist unabdingbar, wenn es darum geht, Bedürfnisse der Kunden zu erfassen, gegen vorliegende Erfahrungen abzugleichen und schließlich Lösungsvorschläge in den SAP-Teams zur Disposition zu stellen. Offene Türen mit pausenloser Diskussion kennzeichnen dieses Entwicklungsklima.

### *Eigenverantwortlichkeit und Multifunktionalität*

Starke Eigenverantwortlichkeit und zugleich eine Multifunktionsorientierung der einzelnen Kollegen gehören zu den Grundorientierungen. Das Idealbild aus den Gründerzeiten gilt unverändert: Jeder beherrscht den ganzen Prozeß, so daß eine Zersplitterung in verschiedene Funktionen wie Anforderungsaufnahme beim Kunden, Designentwicklung, Codierung und Verifizierung vermieden wird.

### *Teamorientierung als Schlüssel*

Da alle Aufgaben in Personalunion nur selten gleich gut erfüllt werden, gehört zu den Grundstrukturen das Denken und Handeln im Team. Individuelle Karrierevorstellungen des einzelnen treten zurück gegenüber den Anforderungen im Team und der Erfolgsorientierung des Teams als Ganzes. Auch das Team ist keine Institution absoluter Art. Manchmal gehört es gerade zu seiner Definition, sich durch Lösung seiner Aufgabe überflüssig zu machen.

### *Partnerschaften entwickeln*

Lange Zeit wurde bei uns jeder Kunde von der Einsatzuntersuchung über die Systemanpassung bis zum laufenden Betrieb von einem unserer Mitarbeiter betreut. Bei der heutigen Zahl von Kunden wäre das nur möglich, wenn wir die Struktur einer internationalen Beratungsfirma mit angehängter Entwicklungsabteilung angenommen hätten. Statt dessen hat SAP ein Netzwerk von Beratungspartnern aufgebaut, das von internationalen Consultinggruppen bis hin zu kleinen, flexiblen Beratungshäusern vor Ort reicht. Im Überblick betrachtet, beschäftigen sich heute weltweit rund 10.000 Menschen professionell mit SAP; davon sind nur 4000 SAP-Mitarbeiter. Der Weg dahin war nicht einfach, da sich ein neues Bewußtsein entwickeln mußte: weg von der mehr selbstzentrierten, auf ihre alleinige umfassende Kompetenz stolzen Firma, hin zum bewußten Teilen mit anderen. So wird versucht, ein Stück der eigenen, positiven Kultur zu exportieren und umgekehrt die vielfältigen Beiträge der Partner aktiv aufzunehmen.

### *Offene, experimentierfreudige Unternehmenskultur*

Ein wesentlicher Teil der Unternehmenskultur ist die Betonung der Flexibilität, ein ständiges Wachbleiben und die Aufrechterhaltung der Experimentierfreude. Das schlägt sich etwa darin nieder, daß bis heute kein Mitarbeiter kontrolliert wird, wie lange er arbeitet. Persönliche Freiräume bleiben erhalten, was den Spaß an der Arbeit fördert. Es besteht ein ungewöhnlich hoher Identifikationsgrad mit dem Unternehmen, der sich oftmals bis in das private Umfeld erstreckt. Es gehört zum Selbstverständnis der Firma, daß man sich gemeinsam freut, wenn Erfolge erzielt werden, daß offene Kritik, aber auch offenes Lob ausgetauscht werden. Diese Offenheit bezieht die Kunden mit ein. Besonders an den regelmäßig durchgeführten Info-Tagen ist das Feedback von Kunden ein tragendes Element. Wie in allen Lebensbereichen wird hier sichtbar, daß Lob wie konstruktive Kritik ein großer Ansporn sein können. Und es gibt wahrscheinlich keinen größeren Ansporn als die Anerkennung seines Produktes von seinen Nutzern.

*Aus einem Gespräch mit Dr. Peter Zencke, Mitglied des Vorstandes der SAP AG.*

# *Junghans Uhren: »Innovationsführer«*

Wie Kreativität zum Schlüssel eines erfolgreichen Turn-around wird

Die Junghans Uhren GmbH zählte und zählt zu den bekanntesten Markenartiklern in Deutschland. Gleichwohl war das Unternehmen in den 80er Jahren – wie die meisten Firmen der deutschen Uhrenindustrie – zunehmend in Schwierigkeiten geraten. Anfang der 90er Jahre hat sich das Unternehmen von der negativen Marktentwicklung abgekoppelt. Junghans hat es geschafft, sich dank einer klugen und und innovativen Strategie zu erneuern und sich dabei gegen die japanischen Wettbewerber durchzusetzen. Heute ist Junghans unbestrittener Marktführer in Deutschland.

## *Ein Blick in die Vergangenheit*

Ein Blick in die Geschichte zeigt, daß die Probleme der europäischen Uhrenindustrie mit dem Technologiewandel von der mechanischen Uhr zur elektronischen Uhr begannen. Die strukturellen Vorteile der Japaner verschafften ihnen mit den richtigen Sortimenten, vor allem aber mit gutem Design dieser Quarzuhren auch Marktvorteile. Intensives Marketing half ihnen sehr schnell, relativ hohe Marktanteile zu gewinnen. Die europäische Uhrenindustrie, vorwiegend in Frankreich, der Schweiz und Deutschland, war eher mittelständisch manufakturell strukturiert. Der oft fehlende Blick über die Grenzen – weil ja auch die Märkte noch stark national abgegrenzt waren – ließ sie im Kleinkrieg untereinander erstarren. Auf der Klaviatur des Marketings wurde vorwiegend nur eine Taste gespielt: die Preistaste.

### *Neupositionieren der Marke und des Sortiments*

Wir alle wissen, gerade bei designorientierten Uhren ist die Preiskarte schnell ausgereizt. Abgesehen von der Rendite, die im harten internationalen Wettbewerb gegen Konkurrenten aus Billiglohnländern nur schwer zu erwirtschaften ist. Als Junghans 1987/88 wirklich mit dem Rücken zur Wand stand, haben wir uns in einem ganz kleinen Kreis zusammengesetzt und überlegt, wie wir die Marke neu positionieren, das Unternehmen aus den Schwierigkeiten herausbringen können. Die Marke Junghans mit ihrem hohen Bekanntheitsgrad und Sympathiewert ist unser eigentliches Kapital. Aber die Produktpalette stimmte nicht. Mit ganz einfachem Marketing haben wir angefangen, das Sortiment in Ordnung zu bringen und zielgruppengerecht zu strukturieren.

### *Zurück zur Armbanduhr*

Wichtig war, daß Junghans wieder Kompetenz für die Armbanduhr bekam. Das war auch eine strategische Entscheidung, den Markt für mittelpreisige Armbanduhren nicht länger nur den japanischen Marken zu überlassen. Durch die frühen Prioritäten auf Großuhren und Werke hatte Junghans den Anschluß im wichtigsten Marktsegment für Armbanduhren – in dem auch das Image einer Uhrenmarke geprägt wird – verloren. Immerhin werden jährlich 850 Mio. Armbanduhren weltweit gekauft – einer der größten Märkte für Gebrauchsartikel überhaupt.

### *Auf neue Technologien gestützt*

Nachdem wir unser Sortiment marktgerecht strukturiert hatten, haben wir neue Uhrentechnologien entwickelt und ausgebaut, mit denen sich Junghans erfolgreich aus der Me-too-Ecke absetzen konnte. Bei dem Überangebot vergleichbarer Uhren aus aller Herren Länder war es für Junghans wichtig, Uhren anzubieten, die nicht jeder andere auch hat. Wir haben auf Ideenwettbewerb statt Preiswettbewerb gesetzt, auf neue Technologien wie Funk- und Solaruhren: umweltfreundliche, batterielose Solaruhren und funkgesteuerte Uhren, die sich selbst ein- und umstellen und mit 1 Sekunde Abweichung in einer Mio. Jahren die genauesten Zeitmesser der Welt sind. Natürlich haben wir auf dem Weg zur problemlosen Uhr auch die Kombination dieser beiden modernsten Technologien im Auge gehabt und 1993 die erste Funk-Solar-Armbanduhr vorgestellt. Wichtig war immer für uns, den Käufer vor Augen zu haben, seine Wünsche in perfekte Produkte umzusetzen. Und ihn – unsere Zielgruppe – kommunikativ richtig und überzeugend anzusprechen. Ebenso wichtig war unser Mut zum Risiko, auch zum Risiko der falschen Entscheidung. Wir waren immer bereit, schnelle Entscheidungen zu treffen.

### *Kreativ, innovativ und schnell sein*

Der Erfolg der japanischen Uhr ist auf die Schwäche der europäischen Uhrenindustrie zurückzuführen. Heute ist es den Schweizern und auch der deutschen Uhr – und hier insbesondere Junghans – gelungen, die Japaner im Markt zurückzudrängen. Man muß an sich glauben, Visionen realisieren können, die richtigen Strukturen haben, man muß kreativ, innovativ und schnell sein, dann kann man die Japaner packen. Ein Wort zum Thema Schnelligkeit: Die Uhr ist modisches Accessoire geworden und unterliegt dem schnellen Zyklus modischer Trends und Tendenzen. Der Verbraucher erwartet die Flexibilität im Design, bei Funktion und Technik, auch von der Uhr. Junghans mußte sich auf diese kürzeren Lebenszyklen von Uhren radikal umstellen – wir ersetzen und aktualisieren pro Jahr rund ein Drittel unseres Sortiments von 1500 Modellen.

### *Fallbeispiel für Mut, Kreativität und die Rolle des Designs*

Ein Beispiel für Mut und Kreativität. Die Funkarmbanduhr – so wie wir sie heute kennen – ist das Ergebnis eines fortwährenden

Prozesses der Miniaturisierung. Als Junghans 1990 die erste Funkarmbanduhr der Welt entwickelte, konnte diese Uhr aus Gründen der Werkeabmessung und der Energieversorgung nur eine Digitaluhr, eine LCD-Uhr sein. Digitaluhren aber hatten das Image der Billiguhr, man kann sie schon um 4,95 DM kaufen. Unsere erste LCD-Funkarmbanduhr aber mußte aufgrund der hochwertigen Technologie, der Konstruktion und ihrer Ausstattung mindestens 400 DM kosten. Wie also sollten wir es anpacken, in einem noch nicht etablierten Markt eine weltneue Uhr so zu positionieren, daß sie auch gegen die Warnungen externer Marktforscher erfolgreich sein konnte? Nachdem wir die Zielgruppe für diese Uhr herausdefiniert hatten, wußten wir, daß sich die Käufer von Funkuhren unterscheiden wollten. Das Design dieser Uhr müßte eine Differenzierung ermöglichen und auf den ersten Blick etwas Besonderes darstellen. Frogdesign hat mit uns dieses »outstanding Design« entwickelt, eine asymmetrische Uhr, mit der wir auf Anhieb erfolgreich waren. Mit deutlich über 200.000 verkauften Einheiten ist die Junghans MEGA 1 die erfolgreichste Uhr in der über 130jährigen Tradition von Junghans. Der Mut zum Risiko, über ein außergewöhnliches Design eine höherpreisige Uhr gegen viele Warnungen in einem neuen Markt zu etablieren, war ein wichtiger Schritt für das Unternehmen. Er war die Marktöffnung für die Funkarmbanduhr.

### *Ein kleines Team: Entwicklung, Marketing und Vertrieb*

Wenn ich von Wir spreche, dann meine ich damit ein kleines Team. Klein deshalb, weil das Unternehmen personalmäßig ausgedünnt war und von der Kostenstruktur nicht viel addiert werden konnte. Ein Team, weil es alle wichtigen Entscheidungen – und es gab harte Diskussionen – mitgetragen und in kürzester Zeit umgesetzt hat. Von der Entwicklung bis zum Marktstart der Junghans MEGA 1 hat es nicht einmal neun Monate gedauert.

### *Persönlicher Managementstil*

Überall wo man Neuland betritt, gibt es natürlich auch Widerstände. »Haben wir alles schon gemacht, das war alles schon mal da«, hörte ich häufig. Auch ich kann das Rad nicht neu erfinden, aber ich habe immer an das Ziel geglaubt und daran, daß man Ideen konsequent umsetzen muß und sie mit den richtigen Maßnahmen zum Erfolg führen kann. Mein Managementstil ist es, wirklich die Hand an den Job, an die Organisation zu legen und zu versuchen, die Leute zu motivieren, vor Ort zu gehen, sich vor Ort sehen zu lassen, mit den Mitarbeitern zu sprechen. Das gilt auch für die Impulse, die wir vom Markt brauchen.

### *Vertrieb und Entwicklung gestärkt*

Um ein Bild zu gebrauchen: Ein guter Markenartikler braucht neben konstruktivem Marketing zwei Zugpferde: einen leistungsstarken Vertrieb und eine gute Entwicklungsabteilung. Wir haben deshalb jeden Pfennig in die Entwicklung neuer Technologien investiert, die Entwicklungsarbeit verdoppelt und den Vertrieb verstärkt. Das hat sich für Junghans in Gewinn von Marktanteilen ausgezahlt.

### *Viele Manager haben das Gespür für den Markt und den Kunden verloren*

Was wir gemacht haben, ist eigentlich kein Hexenwerk. Wir haben uns an unseren Kunden orientiert, das Ohr am Markt gehabt. Diese Konsequenz hat uns Vorteile verschafft. Ich glaube, in den letzten zehn Jahren ging es vielen Unternehmen viel zu gut. Man hat phantastische Gewinne eingefahren, und dies ohne besondere Anstrengungen. Der Biß, im Markt kämpfen zu müssen, war weg. Man ist in Lethargie verfallen, Organisationen und Strukturen sind festgefahren, und das Gespür für Veränderungen im Markt ging verloren. Wir mußten immer kämpfen, denn wir standen mit dem Rücken zur Wand.

## *Einen neuen Stil entwickeln*

Als ich zu Junghans kam, hieß es anfangs oft, Sie kommen zu »Althans«. Natürlich kann man in einem so traditionsreichen Unternehmen als neuer Mann die eingefahrenen Organisationen und Strukturen nicht einfach verändern. Oder die Hierarchie einfach auswechseln. Das geht so einfach nicht. Also müssen Sie selbst sehr stark Hand anlegen, daß die entscheidenden Leute permanent miteinander sprechen. Am Anfang habe ich mir wirklich die Haxen abgelaufen, war bei jeder Besprechung zugegen. Es gab kein »Get together«. Gegen- statt miteinander – das ist in vielen Unternehmen heute immer noch der Fall. Als man merkte, da ist einer, der ganz stark gerade darauf achtet, ist auch eine andere Disziplin eingekehrt. Heute ist es für mich nicht mehr so wichtig, überall persönlich Hand anzulegen. Heute kann ich sagen, schaut euch das an und das, und lasse mir dann die Ergebnisse berichten. Und keine Hierarchie hindert diese Kommunikation. Wir machen einmal monatlich ein Management-Meeting, es gibt Marketing-Meetings, technische Meetings und Kreativ-Sessions. Wir unterhalten uns offen, z.B. über Produktionsprobleme, die Designer sind dabei, und dann wird das Ganze mit der Technik abgestimmt.

## *Motivation durch Erfolg*

Motivation – meine ich – kann man nicht diktieren, Motivation kommt über den Erfolg. Wir haben versucht, den Weg der kleinen Schritte zu gehen, die Mitarbeiter selbst über die kleinsten Erfolge zu informieren. Das konnte z. B. schon ein besonderer Auftrag sein oder eine Listenerweiterung. Ich habe mich vor meine Mitarbeiter gestellt, kleine Gruppen zusammengefaßt und sie über solche Erfolge und auch über Unternehmensdaten und unsere Ziele informiert, sie am Geschehen beteiligt. Irgendwann bemerken sie, daß Leute eingestellt werden, daß Junghans auch über die Werbung gut im Gespräch ist, daß der Bekanntheitsgrad steigt. Motivation als ein großes Mosaik, bei dem auch die

Mitarbeiter die Steine selbst einsetzen müssen. Das ist das ganze Geheimnis.

### *Über Innovationen*

Ideen für Innovationen kommen vor allem vom Markt. Man muß ein sehr enges Verhältnis zu seinen Verbrauchern, seinen Kunden herstellen und immer wieder Diskussionen anregen. In diesen Gesprächen steckt für mich ein großes Potential neuer Ideen. Das muß gerade auch für die Mitarbeiter gelten, die draußen an der Front täglich mit Handelspartnern und Konsumenten zu tun haben, diese Sensibilität für Neues muß aktiviert werden. Das meine ich, wenn ich sage, »man muß dem Volk aufs Maul schauen«. Zum anderen muß man sich Organisationen im Unternehmen schaffen, die diese neuen Ideen nicht abblocken, sondern aufnehmen, bewerten und umsetzen. Und natürlich braucht ein Manager Mut, Ideen auszuprobieren, bereit zu sein, in Ideen auch zu investieren.

### *Viele Ideen für die nächsten Jahre*

Wir haben noch viele Ideen für die nächsten Jahre. Eine dieser Ideen, die wir auch in Zukunft ausbauen, ist die Funksolaruhr, eine Kombination der batterielosen Solartechnik mit der sich selbst ein- und umstellenden Funkuhrtechnik. Das Ergebnis, die Junghans MEGA SOLAR, ist eine Uhr, die ewig läuft und niemals falsch geht. Eine Vision, ein Traum, den wir realisieren konnten. Jetzt gehen wir neue, jüngere Zielgruppen an. Die JUNGHANS MEGA STAR ist so ein Beispiel. Eine Funkuhr im Lifestyle-Design, die wir auch kommunikativ neu positionieren, um junge und jung gebliebene Käufer an Junghans-Funkuhren zu interessieren.

### Visionen für die Zukunft

Wir haben sowohl für die Produkte als auch für die Märkte ganz klare Visionen. Die Uhr wird ein Schmuckstück bleiben, die Uhr wird nie wegrationalisiert werden, daran glauben wir. Die Uhr wird ein Informationsträger werden. Ich glaube, wir werden irgendwann einmal keine Schlüssel mehr haben, wir werden keine Scheckkarte mehr brauchen, vielleicht werden wir mal keine Geldscheine mehr haben. Viele Dinge ließen sich über die Uhr lösen. Ich glaube auch, daß vor allem die Ostmärkte eine ganz große Herausforderung für uns darstellen. Und zwar nicht nur für die Uhrenindustrie. Ich meine, wir haben bessere Voraussetzungen als die Amerikaner und die Japaner. Diese Chancen müssen wir nur nutzen.

### Weichen stellen für das Jahr 2000

Ich glaube, daß den meisten Unternehmen bewußt geworden ist, daß es so wie in den letzten Jahren nicht weitergehen kann. Ich bin der Meinung, daß einige Unternehmen zu aufwendig organisiert waren, daß sie weder den Kontakt zu den Mitarbeitern noch zu den Märkten hatten, daß deshalb das Geschäft an ihnen vorbeigegangen ist. Das nächste Tal wird noch tiefer werden. Deshalb müssen wir heute die Weichen stellen für das Jahr 2000.

### Steigerung der Flexibilität, Revolution der Kultur in den Unternehmen

Um unseren Standort Deutschland zu erhalten, muß eine Menge geschehen: Wir müssen flinker, noch kreativer und noch flexibler werden, und es ist auch ganz wichtig, daß die Manager und auch die Mitarbeiter erkennen, daß sie den Arbeitsplatz, den sie heute haben, nicht bis in alle Ewigkeit erhalten können. Nicht daß sie ihren Job verlieren, sondern sie müssen einfach bereit sein, viel flexibler zu werden. Eine gewisse Hoffnung habe ich auch, daß die Mode »raus aus Deutschland und dann nach Fernost gehen« abebbt. Viele werden lernen, wenn das Geschäft anzieht, welche Probleme sie sich logistisch ins Haus holen, und auch die Kostenprobleme sind damit keinesfalls gelöst. Die Finanzjongleure sitzen da, ihre Fernost-HKs, Lohnsätze, Stundensätze, Maschinensätze usw., verglichen mit den hohen deutschen Kosten, sehen phantastisch aus. Aber dann tauchen die Probleme auf: Wenn man einen Sonderauftrag einsteuert, oder Liefertermine werden nicht eingehalten, oder die Qualität stimmt nicht. Ganz schnell, glaube ich, kommen viele Unternehmer wieder zurück. Um die Flexibilität sicherzustellen, bin ich lieber bereit, vielleicht etwas mehr zu zahlen, wenn ich dafür meine Fertigung in greifbarer Nähe habe und schneller reagieren kann. Die Umstellung zu höherer Flexibilität und Kreativität wird in Zukunft zur entscheidenden Kulturfrage der Unternehmen werden. Es muß eine Revolution in den Unternehmen geben, sonst werden wir es nicht schaffen.

*Aus einem Gespräch mit Wolfgang Fritz, Geschäftsführer der Junghans Uhren GmbH.*

# *Hilti AG: »Leadership-Kultur«*

Warum sich erfolgreiche Führung durch die Bereitschaft und Fähigkeit zur Veränderung auszeichnet

Die Liechtensteiner Hilti AG hat ihre führende Marktposition auch in Jahren weltwirtschaftlicher Schwierigkeiten konsequent ausgebaut. Die Erfolge der Hilti-Gruppe sowohl auf den internationalen als auch speziell auf den deutschen Märkten sind untrennbar verbunden mit dem Begriff Leadership-Kultur. Leadership-Kultur wird verstanden als Kultur der Veränderung. Dies wird auf allen Ebenen kommuniziert, durch intensive Trainingsmaßnahmen gestützt und insbesondere durch den Vorstand vorbildlich praktiziert und gelebt.

## *Wandel als Regel*

Unsere Leadership-Kultur will deutlich machen, daß permanente Veränderung und permanenter Wandel unsere Chance und unsere Aufgabe zugleich sind. Das ist ausdrücklich so formuliert. Wir bekennen uns zu Veränderungsprozessen, und wir sagen auch ganz bewußt: Veränderung ist die Regel für Hilti.

## *Seit 1985 konsequente Entwicklung der Unternehmenskultur*

Diese Unternehmenskultur Leadership gibt es seit knapp zehn Jahren. 1985 sind die Anfänge von Michael Hilti, dem jetzigen Verwaltungsratspräsidenten, entworfen worden. Damals ging es darum, gemeinsam zu überlegen – zunächst im Kreis von Führungskräften –, wie wir mit einer bestimmten Unternehmenskultur die Entwicklung in Richtung des Jahres 2000 unterstützen können. Was brauchen wir zusätzlich zu strategischen Gedanken im kulturellen Bereich, um die Strategie zu untermauern? In diesem Zusammenhang sind die Begriffe Veränderung und Wandel in die Unternehmenskultur eingeflossen. Das ist dann auch in praktischen Workshops, in täglicher Führungsarbeit und in Trainingsinhalten über alle Stufen und Strukturen, auch im internationalen Bereich, umgesetzt worden. Dort ist auch der Begriff definiert worden, der heute ständig im Sprachgebrauch ist: »Change it, love it or leave it.« Ich persönlich habe überall erlebt, zunächst als Personalchef, später dann als Niederlassungsleiter, als Chef in Japan, dann wiederum auch als Chef in Deutschland, daß dieser permanente Wandel, verbunden mit einer tiefgreifenden Kommunika-tion mit den Betroffenen, die Basis für strategische Veränderungen ist.

### *Anpassung an sich verändernde Märkte*

Uns war klar, daß wir nicht einfach so weitermachen können wie bisher. Business as usual wird nicht ausreichen, um in den Industriezweigen und Branchen, in denen wir weltweit tätig sind, die Führungsrolle weiterhin beizubehalten. Die Märkte sind derartig dynamisch, daß es schon schwerfällt, sich als Unternehmen mit den Märkten genügend schnell zu bewegen, und wenn Sie als Etablierter in solchen Märkten tätig sind und jahrelang erfolgreich sind, ist man im Prinzip am Rande des Abgrunds. Ich habe neulich mal den Spruch gehört: Um ein Unternehmen mit Sicherheit in den Bankrott zu führen, genügen nur 10 bis 20 Jahre höchst erfolgreicher Tätigkeit, ohne sich zu verändern.

### *Konsequenter Umbau des Vertriebs*

Das jüngste Beispiel, das mir einfällt, um diesen Aspekt zu konkretisieren, kommt aus Deutschland, aus der größten Marktorganisation in der Hilti-Gruppe. Da bei uns neben der Veränderung die Kundenorientierung wichtigstes Element unserer Unternehmensvision ist, haben wir uns gefragt: Was wollen denn die Kunden eigentlich? Da war uns klar, daß die Kunden stärker spezialisierte Berater in bezug auf Branchenbearbeitung wollen. Deswegen haben wir auch eine Art Jahrhundertprojekt ausgelöst und haben gesagt: Unser ganzer bisheriger Vertrieb, der extrem erfolgreich war und mit Wachstumsraten zwischen 15 und 20 Prozent gearbeitet hat, muß umgestellt werden, und es bleibt kein Stein auf dem anderen. Wir müssen aus einem Vertrieb – das war dann die strategische Überlegung – drei segmentierte Vertriebsorganisationen machen, und zwar konzentriert mit einem Teil der Mannschaft auf den Baubereich, das Bauhandwerk und die Bauindustrie. Ein zweiter Teil konzentriert auf Sanitär- und Elektrobetriebe, auch über ganz Deutschland, also überlappend. Und der dritte Bereich kümmert sich um öffentliche Unternehmungen und Behörden. Das heißt, wir haben drei Vertriebsgruppen geschaffen, es haben 60 Prozent der Kunden in Deutschland neue Ansprechpartner bekommen. Auch in der internen Organisation ist kein Stein auf dem anderen geblieben, wir haben aus einem Unternehmen praktisch vier gemacht, drei sogenannte »Strategic Business Units« und eine Art Holdinggesellschaft darüber, ohne das juristisch nachzuvollziehen. Das war ein Riesenveränderungsprozeß, der das gesamte Unternehmen bewegt, überall neue Schnittstellen geschaffen und neue Kontakte notwendig gemacht hat.

## *Management of people and ideas: Die Bedeutung der Kommunikation*

Natürlich gab es Widerstände. Aber der Schlüssel, damit richtig umzugehen, hängt mit dem Prinzip zusammen, wie man Erneuerungs- und Veränderungsprozesse managt. Ich glaube, das ist das »Management of people and ideas«. Wir managen hervorragend Ideen, aber wir führen zuwenig die Leute. Und ich habe die gleichen Erfahrungen, die ich im Projektmanagement gemacht habe, auch bei allen großen Veränderungsprozessen erlebt. Es kommt auf die Führung von Gruppen und einzelnen an, wie erfolgreich letztlich ein Projekt ist. Und Führung hängt ja auch in elementarer Form mit Kommunikation zusammen. Führen heißt, den Menschen erstens eine Vision zu vermitteln, wo ich hin will, und ihnen klarzumachen, was der Vorteil für das Unternehmen und für den Mitarbeiter ist und was die Risiken für das Unternehmen und für den Mitarbeiter sind. Zweitens den Sinn dieser Vision zu vermitteln, nicht nur die Vision an die Wand werfen, sondern mit ihnen darüber reden, wie sie sich in dieser Vision zurechtfinden können, wo ihr Platz ist: Welche Rolle spielst du da drin, was ist deine Aufgabe in einem neuen Spiel, und was ist deine Chance? Drittens sehr deutlich zu machen: Wir haben nicht mehr die Zeit, alles hundertprozentig zu analysieren und vorzubereiten, und wir sind nicht in der Lage, alles hundertprozentig abzuschätzen und abzusichern. Wir müssen in den Nebel hinein organisieren, wir müssen den Mut haben, ins Ungewisse vorzupreschen, und wir müssen nur Leitplanken und Sicherheitspolster und Prallschutz aufbauen, damit wir nicht so hart aufschlagen, wenn es nicht so läuft, wie wir uns das vornehmen.

### *Netzwerke statt Pyramiden*

In vielen Unternehmen wird noch immer in Pyramidenformen gedacht und gehandelt. Ich halte nicht mehr viel von der Pyramide. Aber wenn wir schon einmal den Begriff Pyramide gebrauchen, dann sage ich: Das, was man häufig erlebt in Projekten und in Prozessen, ist, daß der Sockel der Pyramide stehenbleibt und nur der Kopf der Pyramide sich weiterbewegt mit seinen Ideen und diskutiert. Die Spitze ist dann irgendwo da drüben, und das Fundament steht noch da, d. h., die Kunst des Führens und der Erneuerung ist, die Pyramide insgesamt zu bewegen, wenn man schon von der Pyramide redet. Aber wir bei Hilti schaffen die Pyramide ab, weil die Pyramide den meisten Prozeß- und Denkstrukturen im Wege steht. Ein Unternehmen ist keine Pyramide. Ein Unternehmen ist heute ein Netzwerk und da ist jeder gleich wichtig, unabhängig von Hierarchieebene und Funktion. Wenn der Kunde anruft und niemanden erreicht, dann wird nicht gesagt, die Telefonistin ist krank, sondern Hilti ist nicht erreichbar. Deshalb müssen die Probleme einer Telefonistin, einer Buchhalterin oder eines Lagermitarbeiters bei einem Umorganisationsprozeß genauso ernst genommen werden wie die eines Mitarbeiters auf einer anderen hierarchischen Ebene. Und wenn der Lagermitarbeiter es unten nicht verstanden hat, ist er nicht in der Lage, sich selbst zu managen. Und das ist der kritische Punkt.

## Mittelmanagement und Vorstand

Entscheidend in allen Erneuerungs- und Veränderungsprozessen sind das Mittelmanagement und der Vorstand. Wenn ich das Mittelmanagement nicht überzeuge, dann ist es nicht in der Lage, positiv nach unten zu kommunizieren. Und dann scheitert der Prozeß. Und wenn der Vorstand nicht von Anfang an selbst aktiv mitmacht, dann scheitert er ebenso. Ich habe ein negatives Beispiel von einem Unternehmen gehört, wo ein Consultingpartner beratend tätig war. Am Ende des Beratungsprojektes hat der Consultingberater das Ergebnis einer Studie allen Mitarbeitern vorgestellt und hat erklärt, wie sie es machen müssen, und der ganze Vorstand saß daneben und hat am Schluß gesagt: Das ist unser Modell. Das ist für mich das typische Beispiel dessen gewesen, wie man es nicht machen kann und nicht machen darf. Denn wenn ich nicht selbst in die Bütt gehe und nicht selbst nach draußen marschiere mit der Fahne in der Hand, dann schaffe ich nicht die Voraussetzungen für die Überzeugung der Mitarbeiter.

## Veränderung kann geplant werden

In allen Zielsetzungen, die wir den Unternehmenseinheiten in der ganzen Welt vorgeben, fehlt nirgendwo das Thema Unternehmenskultur Leadership in Verbindung mit Veränderungsprozessen, d. h., es muß in jeder unternehmerischen Einheit weltweit geplant werden, was auf diesem Sektor abläuft neben den Verkaufszahlen. Es fehlt nirgendwo das Thema Personalentwicklung, d. h., es muß immer geplant werden, was mache ich mit meinen Leuten, wie verändere ich sie. Dort haben wir übrigens die 1-8er-Regel auch im Sinne dieser Radikalität mit einer klaren Prioritätensetzung, indem wir mal gesagt haben: Jede Gruppe hat durchschnittlich acht Mitglieder, da gibt es immer eine Nr. 1 und eine Nummer 8. Was immer wir als Nr. 1 oder 8 betrachten, ist jedem selbst überlassen, nur, an diesen beiden mußt du arbeiten. Die Nr. 1 muß entwickelt werden und die Nr. 8. Und wir haben unsere Vorgesetzten gefragt und wissen heute, wer in jeder Einheit die Nr. 1 und die Nr. 8 ist. Diese werden bewegt, d. h., Sie finden bei uns nicht mehr – es sei denn, es wird gelogen – einen Mitarbeiter, der als schlecht identifiziert wurde, der länger als zwei Jahre in einer Einheit war. Und sie finden keine Nr. 1, die über zwei Jahre denselben Job behält. Und die Nr. 1 muß bewegt werden und muß aus dem eigenen Bereich raus. Das traditionelle Verhalten ist ja: Ich halte meine besten Leute, und die ›Pfeifen‹ schiebe ich ab.

### *Über Spiele und Spielregeln*

Ich wage mich zwar jetzt auf eine Eisfläche, aber ich sage: Wir sind im Denken zuwenig radikal. Und zwar radikal im Sinne einer Wertordnung: Es gibt bei Hilti Dinge, die sind, wie sie sind. Und wer bei Hilti ist, der muß diese Dinge akzeptieren. Wir nennen das auch im internationalen Sprachgebrauch ›accept-its‹. Einer, der sich nicht zu diesen accept-its und diesen Prozessen bekennt, ist kein schlechter Mensch oder kein schlechter Mitarbeiter, überhaupt nicht. Nur, der gehört in unserer Mannschaft nicht zu unserem Spiel. Das Beispiel, das ich immer wähle, ist jenes, wo ich sage: Es spielen 22 Leute Fußball oder 2 × 11 Leute Fußball. Plötzlich kommt einer mit einem Tennisschläger in weißer Kleidung auf den Platz und haut immer auf den Ball drauf. Was tun Sie jetzt? Sie haben de facto nur zwei Möglichkeiten: Sie können das akzeptieren, dann wird das Spiel permanent gestört, und es können 22 Mann nicht das tun, was sie wollen, oder Sie können die Situation bereinigen. Sie müssen ihm sagen: Ich schätze dich, du bist ein klasse Typ. Und jetzt treffe nicht ich die Wahl, sondern du. Du hast die Wahl, entweder mit uns Fußball zu spielen und dich umzuziehen, du bist herzlich eingeladen, und wir werden einen austauschen und dich reinnehmen, was auch immer, wir arrangieren das, aber das sind die Spielregeln. Du kannst dich aber auch für Tennis entscheiden, dann mußt du auf den Platz nebenan. Dort spielen alle Tennis. Wir zwingen den Mitarbeiter nicht in den Veränderungsprozeß rein, sondern sagen ihm, er soll sich frei und bewußt entscheiden. Und in jedem Fall werden wir ihm helfen, seinen Weg zu gehen, jedoch ohne Wenn und Aber.

## *Projektarbeit und Kommunikation*

Zu unserem Spiel gehört, daß wir immer stärker auf Projektarbeit und Projektteams in unserer Organisation setzen. Wir erkennen einfach, daß wir die Probleme heute im Unternehmen nicht mehr nur funktional lösen können. Es gibt überall Schnittstellen und überall Ansätze für eine übergreifende Projektarbeit. Dazu gehört natürlich eine Projektklassifikation, damit man über jede Hierarchie weiß, wie die Projekte organisiert sind, was nach oben muß und was nicht. Doch auch dort ist die Kommunikation wiederum der Schlüssel. Wenn Sie nur die Controller ransetzen, dann kriegen Sie ein wunderschönes Controllingkonzept, aber kein Selbstcontrolling, das im System integriert ist. Dann schaffen Sie einen Polizisten, und das wollen wir nicht. Das ist ein Thema von »form-it«, d. h. ein Thema der Selbstgestaltung des Prozesses: Was ist strategisch wichtig, was ist operativ wichtig, und woran messen wir es? Definiere du das, du bist für den Profit verantwortlich oder ein bestimmtes Ergebnis. Der Controller hilft dir als eine Art Betriebsberater, aber er ist nicht dein Polizist. Und er läuft schon gar nicht durch die Gegend und sagt: Ich weiß was, was du nicht weißt!

## *Prozeßorientierung fängt im Kopf an*

Ich möchte kein falsches oder unrealistisches Bild aufbauen. Wir haben noch weit größere Probleme bei diesen Schnittstellen als

Lösungen. Ich glaube aber, daß die Hauptlösung die gedankliche Umstellung ist. Organisationsentwicklung fängt im Kopf an, genauso wie Kommunikation mit einer bestimmten Einstellung. Auch die Prozeßorientierung fängt im Kopf an. Wenn die Leute nicht davon ausgehen, ich kriege etwas von einem und ich gebe einem etwas weiter und wie ist die Kundenerwartung auf der anderen Seite, dann ist das Dienst nach Vorschrift. Wenn ich das nicht im Kopf habe, was ich im Sinne der Kundenorientierung als Leistung erbringen muß, dann wird das nie was.

### *Menschen führen, heißt Menschen entwickeln*

Mit der Prozeßorientierung im Kopf anfangen heißt, Barrieren wie Status oder Machtdenken im Keim zu ersticken. Das predigen wir auch in Seminaren, wo wir übrigens selbst überall hingehen. Es gibt bei uns kein Managementseminar, das der Vorstand nicht selber bei sich zunächst durchführt. Wir unterziehen uns derselben Prozedur. Wir machen es mit, wir identifizieren uns selber mit unseren Schwächen und Stärken. Um so besser können wir den Dialog im Unternehmen fortsetzen und umsetzen. Einer der wichtigsten Kerngedanken unserer Führungsarbeit lautet: Menschen führen, heißt Menschen entwickeln. Das zeigt sich u. a. am Personalentwicklungsgespräch, das routinemäßig zweimal im Jahr stattfindet. Es läuft immer in zwei Richtungen. Es ist auch die Zeit für den Mitarbeiter, den Vorgesetzten zu kritisieren, wenn er etwas nicht richtig macht. Wir haben hierfür ein spezielles Muster. In einem Teil dieses Dialogs wird auch über Kommunikation geredet. Da steht z. B. wirklich die Frage drin: Wie hast du die Kommunikation des Vorgesetzten in den letzten Monaten erlebt? Hat er mit dir ausreichend kommuniziert oder nicht? Da kann er die Dinge auf den Tisch legen. Übrigens gibt es bei den Vorlagen für die Personalentwicklungsgespräche neun Beurteilungspunkte, von denen nur einer »fachliche Leistung« heißt. Die anderen acht Punkte sind reine »Software«. Das heißt, die mentalen und kulturellen Fragen spielen bei uns eine ganz entscheidende Rolle.

### *Kommunikation ist der Schlüssel*

Wenn ich Qualitätsmanagement mache oder wenn ich ein sogenanntes »business process reengineering« betreibe und es sind nur rein technologische Veränderungen von Prozessen, dann funktioniert das nicht, bzw. es wird möglicherweise ein Teilerfolg. Aber der Teilerfolg wird deswegen zustande kommen, weil den Leuten irgendwo ein Licht aufgeht, aha, Qualität ist das und das, Prozeß vom Kunden läuft so und so, jetzt könnte ich in dieser Richtung was tun. Wenn wir den vollen Impact haben wollen, dann müssen wir bei der Einstellung anfangen. Und Einstellung kann ich ebensowenig reengineeren wie die Kommunikation. Und zur Einstellung gehört die Kommunikation: Ich muß Sinn vermitteln. Nur wenn ich Sinn vermittle, lebt der Prozeß.

*Aus einem Gespräch mit Egbert Appel, Mitglied des Vorstandes der Hilti AG.*

# Mercedes-Benz: »Lernoffensive«

Wie man von alten Erfolgsmustern Abschied nimmt und eine mentale Neuausrichtung einleitet

Eines der traditions- und erfolgreichsten deutschen Unternehmen ist unterwegs auf dem Weg der Erneuerung. Herzstück des Wandels der Mercedes-Benz AG ist eine mentale Neuorientierung der Führungskräfte. Diese wird durch ein integriertes Programm vorangetrieben und gefördert: das MB-Erfolgsprogramm. Dieses Programm erreicht auf verschiedenen Wegen ca. 13.000 Führungskräfte weltweit. Es unterstützt insbesondere das mittlere Management bei seinen Projekten der eigenverantwortlichen Umgestaltung der Organisation in Richtung Dezentralisierung, Kundenorientierung und Prozeßoptimierung.

## Erfolg als Problem

Es gibt nichts Schlimmeres als eine lange Strähne des Erfolges, und ich glaube, die 70er und 80er Jahre waren für uns eine verdammt lange Erfolgsstory. Das Problem liegt an der Dauer dieser Story: sie ist nicht ewig gültig. Nun ist das Unterfangen, eine Vision der Erneuerung zu haben, eine Strategie neu auszurichten, eine Sache. Das ist ein schneller Wurf und kann in relativ kurzer Zeit ausgearbeitet werden. Bloß diesen Wurf zu leben, das ist eine ganz andere Geschichte. Wir sind auf der einen Seite ein junges Pionierunternehmen – die Mercedes-Benz AG besteht erst im fünften Jahr –, andererseits sind wir ein über hundertjähriges Traditionsunternehmen. Und es ist etwas anderes, ob ein solches Unternehmen eine Vision realisiert oder ob Bill Gates auf der grünen Wiese eine phantastische Idee hat. Wir hatten ohne Zweifel eine Identitätskrise mit dieser Ausgründung von Mercedes-Benz und der Neukonstellation unserer geschäftsführenden Holding

Daimler-Benz sowie mit den hinzukommenden anderen Kulturen. Zum Zeitpunkt der Neugründung der Mercedes-Benz AG hat man sich in unserem Haus mit diesem Thema intensiv auseinandergesetzt. Daraus wurde ein Auftrag, der von Herrn Reuter selbst ausging. Ziel war, für die Integration der Unternehmenskulturen im obersten Führungskreis einen neuen Weg zu suchen. Daraus wurde in der Tradition unseres Hauses eine Bildungsveranstaltung mit der Bezeichnung: das Konzernseminar. Das Konzernseminar sollte der »Initiationsritus« für die Top-Energieträger der Zukunft in unserem Konzern sein. Ich war der Designer des ersten Konzernseminars, jetzt ist gerade das fünfte in Arbeit.

## *Lerndesign des kulturellen Wandels*

Es galt, einerseits die anderen Unternehmensbereiche an die Daimler-Klassik-Kultur heranzuführen und andererseits die Mercedes-Leute aufzuschließen, was für eine sinnvolle Ergänzung in den DASA-Kollegen und in den AEG-Kollegen steckte und auch in der sich neu formierenden und ständig wachsenden DEBIS, also dem neuen Dienstleistungsbereichs. Wir haben ein ganz bestimmtes Lerndesign gewählt zur Integration der Kulturen im Konzern: Was immer der Konzernintegration diente, das durfte nicht in der Heimatkultur bearbeitet werden, sondern immer in der fremden. Der Designgedanke war, durch dieses »wandering around« einen Lernprozeß zu praktizieren, der die angemessene Form für Erwachsene ist. Es ging um das Aufsaugen kultureller Wahrnehmungen durch die Teilnehmer, die herumreisten und ihr Thema bearbeiteten. Das erste Konzernseminar ging um die Kommunikation im Konzern. Ein ewig nachwachsendes Thema, wie die Köpfe der Hydra. Damals wurde vorgeschlagen, daß man einen Zukunftskongreß machen sollte, in dem alle Führungskräfte des Konzerns weltweit einmal zusammenfinden sollten und sich fragen: Wo wollen wir hin? Und in drei Jahren treffen wir uns wieder, wo sind wir angekommen? Diesen ersten Kongreß haben wir letztes Jahr in Berlin gemacht. Er hatte seinen Ursprung in einer Projektidee der Konzernseminar-Mitglieder. Das war Arbeit an der Kultur in einer Umbruchsphase. Meine Rolle selbst verstehe ich eigentlich so, daß ich sage, ich begleite Umbruchsituationen im Unternehmen.

## *Revolution bei Mercedes*

Meine Erfahrung ist – ich bin jetzt das vierundzwanzigste Jahr in diesem Unternehmen –, daß sich in den letzten drei Jahren mehr bewegt hat als in den 21 Jahren zuvor. Spätestens seit eineinhalb Jahren, als die *Wirtschaftswoche* das erste Mal von der »Revolution bei Mercedes« berichtet hat, merkt auch die Außenwelt, daß irgendwas anders wird. Sagen wir: Wir sind in einer Anfangsphase eines Prozesses des kulturellen Wandels, der nicht nur propagiert wird, sondern auch von außen als ein anderes Verhalten erkannt werden kann. Das nennt man die Revolution im Denken und im Auftritt von Mercedes-Benz. Wir selbst verwenden den Begriff intern eigentlich gar nicht, sondern er stößt eher auf Befremden. Er entspricht eigentlich nicht unserer Sprache. Aber es passiert nicht nur, weil eine neue Generation Verantwortung übernommen hat, sondern es werden die Themen deutlich anders angepackt als in den achtziger Jahren.

## *Produktoffensive, Effizienzoffensive, Lernoffensive*

Die stattfindenden Veränderungen wurden zu Beginn des Jahres in einer Losung zusammengefaßt und von Herrn Werner an alle Mitarbeiter ausgegeben. Diese Losung beschreibt eine dreifache Offensive: die Produktoffensive, die Effizienzoffensive und die Lernoffensive. In diesen drei Offensiven finden die verschiedensten Aktivitäten statt, und eigentlich werden in allen drei Feldern für uns neue Wege begangen. In der Produktoffensive können Sie es daran erkennen: Ende der 80er Jahre wäre es im Hause undenkbar gewesen, und bis vor kurzem hätte man uns von außen das gar nicht zugetraut, daß so eine Denke wie die Vision A – oder der Swatch-Auto-Ansatz – eine Chance hat, daß das überhaupt Mercedes-gemäß ist. Die frühere Generation hat Markt gemacht durch Setzung der Produkte. Das war eine Ära der Ingenieure und Entwickler, der Rest passierte einfach, weil das Produkt stimmte. Das ist heute nicht mehr der Fall. Heute geht es wirklich um eine Orientierung am Kunden und an den Marktgegebenheiten.

## *Wertschöpfungskette mit Zulieferern*

Die Herausforderung der Effizienzoffensive ist, daß es heute nicht mehr nur um Größenordnungen von 8 bis 15 Prozent gehen kann, die man einfach im Sinne der normalen Rationalisierungseffekte erreichen kann. Also durch irgendwelche Kostensenkungsprogramme oder Gemeinkosten-Wertanalysen (das waren eigentlich die Aktionen der achtziger Jahre). Das genügt uns nicht mehr. Jetzt beginnt die Phase der wirklichen Geschäftsprozeßoptimierung entlang der Wertschöpfungskette, also das, was man auch Reengineering nennt, auch wenn dieser Begriff in unserem Hause nur selten verwendet wird. Es geht um einen Quantensprung zur Hochleistungsorganisation. Das bedeutet 20, 30 oder auch 40 Prozent Produktivitätssteigerung. Es bedeutet auch, daß neue Denkansätze gegangen werden, z. B. der Weg, den der Pkw-Bereich unseres Hauses mit dem Projekt Tandem gegangen ist, der ja eine völlige Neuordnung des Verständnisses der Zusammenarbeit zwischen Lieferant und uns als Endprodukthersteller bedeutet und aufzeigt, daß wir gemeinsam in einer Wertschöpfungskette stehen. Wir haben ein gemeinsames, für uns völlig neues Verständnis entwickelt, dabei spektakuläre Ergebnisse im Sinne der Reduktion von Kosten erzielt und dadurch eine Alternative zu der Zulieferhierarchie der japanischen Automobilhersteller entwickelt. Das ist die neue Welt, die erst im Pionierstadium ist.

## *Reduzierung von Hierarchieebenen*

Im Zusammenhang mit der Effizienzoffensive sind auch die strukturellen Veränderungen des Unternehmens zu sehen: Wir haben die Titelhierarchie abgeschafft und zwei Führungsebenen weniger. Wir arbeiten in den Verwaltungsbereichen sozusagen nach einem Vier-Ebenen-Prinzip: Ebene 1 sind die Mitglieder des Direktionskreises, Ebene 2 der obere Führungskreis, Ebene 3 der Führungskreis (das sind die alten Abteilungsleiter), Ebene 4 der erweiterte Führungskreis, das sind die Teamleiter. Ab dann gibt es nur die Teamstrukturen. Zugleich sind wir dabei, unsere bisherige funktionale Organisation aufzulösen. Wir haben diesen Weg eingeschlagen durch die Einführung einer Center-Organisation. Mit übergreifenden Produktleistungszentren, Dienstleistungszentren und Marktleistungszentren. Der Leiter eines solchen Zentrums soll sich als Unternehmer im Unternehmen verstehen und dementsprechend auch einen Zuwachs an Befugnissen bekommen. Die Center haben jetzt die Aufgabe, intern und centerübergreifend die Geschäftsprozesse neu zu gestalten. Im Sinne der ganzen Prozeßkette vom Kunden über Produktentwicklung bis hin zur Auslieferung der Produkte. Das ist etwas, was eigentlich jetzt erst beginnt. Das ist eine Ära, die bei uns jetzt ins Laufen kommt.

### *Mentale Neuorientierung aller Führungskräfte*

Die Verkörperung der Lernoffensive – und zugleich das verbindende Element zu den anderen Offensiven – ist das MB-Erfolgsprogramm. Dieses Programm soll eine mentale Neuorientierung aller Führungskräfte in dieser Zeit des permanenten Wandels ermöglichen und den Weg dafür ebnen. Die Zielgruppe dieses Programms sind die knapp 13.000 Führungskräfte von Mercedes-Benz. Übrigens ist das MB-Erfolgsprogramm der existenzbegründende Projektauftrag für den Bereich Unternehmensentwicklung und Kommunikation, den ich neu aufbaue. Er ist eine reine Projektorganisation, also als temporäre Organisation angelegt. Ich halte dies für eine Frage der persönlichen Glaubwürdigkeit, daß man auf temporäre Strukturen eingehen muß, wenn man den permanenten Wandel als Motto verbreitet. Denn es ist eine unterschiedliche Sache, ob man diesen Wandel von einer gesicherten Stabsstelle aus betreibt oder aus einer Projektstruktur, die immer temporären Charakter hat.

## *Auftauphase*

Mit dem MB-Erfolgsprogramm befinden wir uns heute in einer ›Auftauphase‹ des Selbstverständnisses von Führung in unserem Hause, der eine Phase des Wandels und dann eine Stabilisierung folgt. Dieser Aspekt des Auftauens bedeutet einmal die etwas leidvolle Erfahrung des Abschiednehmens von alten Erfolgsmustern.

## *Prozesse des Verlernens und Loslassens*

Das ist sozusagen ein Prozeß des Verlernens, der dort angesagt ist. Und das ist nicht so einfach mit dem Loslassen. Eine Schlüsselaussage, die das beschreibt, hat mir eine obere Führungskraft im September beim Kick-off-Forum des MB-Erfolgsprogramms ganz erschüttert erzählt: »Sind wir jetzt so tief gesunken, daß wir uns Erfolgsstories von Opel und Renault anhören müssen?« Ich hatte nämlich zwei Vertreter dieser Unternehmen, u.a. auch Herrn Hemmie, eingeladen. Und er hat über die Erfolgsstory Eisenach berichtet. Mein Gesprächspartner zeigte echte Erschütterung. Wir kennen uns seit zwanzig Jahren, er konnte es gar nicht fassen. Das ist der Punkt, warum ich sage, wir brauchen Zeit zum Verlernen bei jeder echten mentalen Veränderung. Es helfen uns dabei die immer noch etwas angespannte Konjunktursituation und ohne Zweifel auch die krisenhafte Phase, die wir in Teilbereichen des Gesamtunternehmens noch durchlaufen, daß der Prozeß diesmal vielleicht schneller geht als meine Erfahrungen aus den späten 80er Jahren. Wir wollten damals Organisationsentwicklung einführen, und nur einige wenige hatten das Gedankengut angenommen, aber die Mehrheit sagte, wir brauchen so modischen Schnickschnack nicht. Wir sind doch bei Daimler-Benz. Der andere Punkt bei Veränderungsvorhaben ist: Woher kommen die Ideen und Impulse, das Neue zu wagen?

### *Führungskräfte als Promotoren des Wandels*

Um neues Gedankengut reinzubringen, haben wir den Ansatz gewählt, mit einem neuen Begriff das Erwünschte zu markieren. Wir streben Excellence in Leadership an. Ein Leader ist eine Führungskraft, die den Wandel herbeiführt, Motor und Promotor für den Wandel ist. Es muß nicht in jedem Fall ein visionärer Führer sein, sondern Leadership bedeutet, eine Wahrnehmung für sich aufzeigende Trends zu besitzen und diese auf das eigene Gebiet zu übertragen. Damit sind wir beim Stichwort Kundenorientierung, Marktorientierung, also weg von der Binnenschau, die ja Mercedes-eigen war.

### *Mitarbeiter beurteilen den Erfolg*

Unser Problem war zunächst eines der großen Zahlen. Wir haben mit dem MB-Erfolgsprogramm zum ersten Mal einen Großauftrag unter einer Zeitbedingung bekommen. Die 13.000 Führungskräfte sollen innerhalb von zwei Jahren ein neues Grundverständnis von Führungshandeln präsent haben. Dabei sollen die Mitarbeiter das vorgelebte Beispiel an ihren Führungskräften erkennen und beschreiben können. Das heißt, unser Erfolgskriterium für das Programm ist, wenn wir eine Mitarbeiterbefragung machen, dann müssen die Mitarbeiter beschreiben, was sich bei den Vorgesetzten bewegt hat und was an Veränderungen stattgefunden hat. Das ist der Lernansatz, den wir gewählt haben.

### *Vier Grundhaltungen des Führens*

Unser Vorstand hat für das Erfolgsprogramm vier Grundhaltungen definiert: Das sind einmal kompromißlose Kunden- und Marktorientierung; zum zweiten das Null-Fehler-Ziel; zum dritten der kontinuierliche Verbesserungsprozeß – da steckt natürlich auch das Thema Geschäftsprozeßoptimierung drin; und zum vierten die konsequente Entscheidungsdelegation an den Ort des

Geschehens. Für jede dieser vier Grundhaltungen hat ein Vorstand die Patenschaft übernommen und verfolgt als Pate die Aktivitäten.

## *Herausforderung für das mittlere Management*

Aus eigenen Erfahrungen und aus Benchmarking-Studien, die wir gemacht haben, war mir klar: Das mittlere Management ist eigentlich der Problembereich bei kulturellen Transformationen. Deswegen habe ich den Ansatz gewählt, genau in die Mitte hineinzugehen. Ich habe dann aus unseren Benchmarking-Ergebnissen zitiert und gesagt: »Ihr seid der Stellhebel der Erneuerung. Ihr steht vor der Entscheidung, seid ihr die Beweger oder seid ihr Bremser? Vor dieser Wahl steht ihr, und jeder von euch entscheidet das für sich, ich will es nur gesagt haben, es ist eure Option. Es ist besser, offen damit umzugehen, das direkt zu bereden, und laßt uns eine Gemeinschaft bilden, die den neuen Weg gemeinsam und gleichzeitig anpackt.« Diese Gruppe hat also eine spannende Herausforderung. Sie betreibt das normative Management eines strategischen Programmes, wie Knut Bleicher es sagen würde. Vertikal und horizontal mit Kollegen und Mitarbeitern und gleichzeitig mit ihrem Chef, dem Center-Leiter, bilden sie ein Change-Management-Team und gestalten diesen mentalen Wandel aller Führungskräfte im Center.

## *Zentral und dezentral*

Natürlich hatten und haben wir auch Widerstände zu ertragen. Zum Beispiel bin ich jetzt auf einmal eine Zentralfunktion mit diesem Programm und mache etwas Mercedes-Benz-Übergreifendes. Und das gleichzeitig in einer neuen Zeit, für die gesagt wurde: Dem dezentralisierten Center gehört die Zukunft. Aber es ist eine strategische Notwendigkeit, wenn wir dezentralisieren und delegieren, daß zugleich ein verbindendes Band existiert, das Gemeinsames verkörpert. Wir haben als Schirm das MB-Erfolgsprogramm. Es gilt die Frage zu beantworten: Was ist denn das AG-übergreifende, wenn alle autonome kleine Unternehmer werden? Eine durchgängige Mercedes-Benz-Unternehmenskultur bekommt neben der strategischen Ausrichtung dabei eine Schlüsselrolle. Die Neuausrichtung von Führungshandeln und Führungsverantwortung selbst muß natürlich dezentral wahrgenommen werden, und da reden wir nicht rein. Jede Führungskraft bekommt nur den Auftrag, dieses Gedankengut für die Mitarbeiter erkennbar zu leben. Das ist der Weg. Sie gestalten diesen Weg in ihrer eigenen Verantwortung. Als Berater haben sie einen oder mehrere Umsetzungsbeauftragte im eigenen Center, also eine kollegiale Beratung. Und zwar aus der Ebene 3 oder Ebene 2. Die Führungskräfte dieser Ebenen sind also sozusagen die Macher des Programms. Außerdem gibt es an jedem Standort einen Prozeßberater. Diese sind Mitglieder in einem internen Berater-Netzwerk und haben alle Consulter-Niveau in systemischer Beratung. An diesen Prozeßberater können sich die Umsetzungsbeauftragten der Center jederzeit wenden.

### Ankoppeln und kommunizieren

Natürlich hat der Vorstand mit dem MB-Erfolgsprogramm eine normative Setzung vorgenommen. Unser Auftrag ist, daß diese kommuniziert, diskutiert und gelebt wird. Mit den verschiedensten Kommunikationsmitteln versuchen wir uns anzukoppeln. Ankoppeln heißt, die vorhandenen Veränderungsoffensiven, die Produktoffensive und die Effizienzoffensive, mit diesem mentalen Programm zu verknüpfen. Ankoppeln sagt: Das alles ist der Wandel. Wir haben das nicht von uns heraus als Glaubensgrundsätze gefunden und gesetzt, sondern aus den Wettbewerbsbedingungen heraus entwickelt. Das kommunizieren wir jetzt in den nächsten Monaten bis zu jedem einzelnen Mitarbeiter.

### *Ein auf Einsicht angelegter Lernweg*

Wir machen gleichzeitig begleitend mit dem obersten Führungskreis Eintagesveranstaltungen. Dabei geht es um Managementwissen als Hintergrundwissen zur Gestaltung des Wandels u. a. mit den St. Gallenern Bleicher, Müller-Stewens, Pümpin und Gomez, um die Vernetzung und Komplexität begreifen zu lernen. Das hat gerade bei Führungskräften, die vor zwanzig oder dreißig Jahren studiert haben, eine unheimliche Resonanz. Ich habe gerade jetzt eine Wiederholungsreihe gemacht und habe eine fünfzigprozentige Durchdringung des Adressatenkreises. Das heißt, das was ich mir als begleitendes Zweijahresprogramm für den oberen Führungskreis vorgenommen habe, haben wir schon nach einem Jahr erreicht. Diese Veranstaltungen haben allen verdeutlicht, daß wir uns in einem typischen Entwicklungszyklus von Unternehmen befinden. Daß unsere Center-Organisation die Chance beinhaltet, auch als hundertjähriges Unternehmen noch einmal in eine Pionierphase zu kommen. Dies ist ein rationaler, auf Einsicht angelegter Lernweg, der hohen Anklang findet.

### *Teamspielern gehört die Zukunft*

Ich glaube, wir müssen heute über spielerische Formen des Lernens, des Wandels und des Führens nachdenken und sie praktizieren. In Zukunft geht es mehr um Teamspieler, die bereit sind, schnell in neue Spiele sich hineinzubewegen. Das werden die eigentlichen Gewinner sein. Die einen werden immer schneller werden, und die anderen werden ein zunehmendes Problemfeld.

*Aus einem Gespräch mit Hans-Peter Fischer, Leiter Unternehmensentwicklung und Kommunikation, Mercedes-Benz AG.*

# Teil C:
# Anregungen für Erneuerer

# 1. Muster des Herangehens: 12 Gebote des Gelingens

»Fragen sind die kreativen Handlungen der Intelligenz.«

*Frank King*

Wer sich mit den in diesem Band vorgestellten Best-practice-Beispielen aus den Werkstätten der Erneuerer beschäftigt, wird feststellen: Keine Lösung gleicht exakt der anderen. Es gibt unterschiedliche, branchen- bzw. unternehmensspezifische Bedingungen. Es gibt verschiedene Wege und Stile der Neugestaltung. Es gibt jeweils andere Etappeneinteilungen und Schwerpunktsetzungen. Und doch läßt sich Allgemeines im Individuellen wahrnehmen: ähnliche Muster des Herangehens an die Prozeßgestaltung und des Vorgehens im Erneuerungsprozeß selbst. Die folgenden *12 Gebote des Gelingens* sind der Versuch, diese Muster transparent und vor allem handlungsleitend zu machen. Der Ausdruck Gebote ist dabei nicht zu verstehen in der Bedeutung von ›Du sollst‹, sondern im Sinn von ›Wir wollen‹: Es geht um einen Prozeß, der allen Beteiligten gemeinsam mehr Anschlußmöglichkeiten bietet. Die Gebote sind praxisorientiert und mit einem integrativen Ansatz formuliert: Die übergreifenden Steuerungsziele und Aufgaben werden mit den dienenden Aufgaben eines Change Management und eines Communication Management verbunden. Dabei wird das *Was* der Ziele und Aufgaben einer grundlegenden Transformation der Unternehmung als weitgehend bekannt vorausgesetzt. Dem *Wie* des Gelingens gilt hier vor allem die Aufmerksamkeit.

Die Numerierung von 1 bis 12 soll keine Prioritätensetzung oder wertende Rangfolge ausdrücken. Sie entspricht vielmehr einer bestimmten zeitlichen, sinnvollen Abfolge im Vorgehen. Die Gebote sowie die dazugehörenden Erläuterungen erheben weder den Anspruch auf Vollständigkeit noch auf objektive Gültigkeit. Wer mit ihnen arbeitet, wird sie entsprechend der eigenen Voraussetzungen und Möglichkeiten ergänzen, korrigieren und weiterbearbeiten. Sie sollten nicht als Rezept, sondern als Anregungen verstanden werden.

1. Mit Fragen beginnen
2. Auf guten Beispielen bauen, den Lernaustausch organisieren
3. Eine gemeinsame Vision entwickeln
4. Die Ziele hoch stecken, ihnen höchste Priorität geben und oben anfangen
5. Menschen gewinnen und ihnen Vertrauen schenken
6. Prozeßteams mit Gestaltungskompetenz ausstatten
7. *Ein* integriertes Programm der Erneuerung erarbeiten, nicht mehrere
8. Leitsätze prägen, das Programm als Dialogprozeß gestalten
9. Ein abgestimmtes Prozeßdesign entwerfen, Mehrschichtigkeit der Prozesse beachten
10. Ein »Re-Cascading« der Erneuerung und des Lernens organisieren
11. Eigenverantwortung und Selbststeuerung ermöglichen
12. Erfolge messen und sich messen lassen

### *1. Mit Fragen beginnen*

Wer fragt, gewinnt! Wenn es überhaupt ein Erfolgsrezept gibt, dann dies: Am Anfang jeden Erneuerungsprozesses steht die Aufgabe, Fragen zu stellen und sich in Frage zu stellen. Wer Fragen stellt,

- geht auf den anderen zu,
- öffnet sich und gibt zu, daß er nicht alles weiß,
- bringt sich – und seine Gefühle – in den Prozeß ein und erzeugt damit Energie,
- stellt eine Beziehung zu anderen her,
- schließt den anderen auf für ein gemeinsames Vorgehen.

Fragen stellen, heißt Einbeziehen des anderen, heißt ihn mit seinen Erwartungen, aber auch mit seinen Ängsten ernst nehmen. Fragen stellen beginnt mit der Bereitschaft, zuzuhören und vom anderen zu lernen.

Es gilt Fragen zu stellen an die externen und internen Kunden:

- Was sind Ihre Anforderungen/Bedürfnisse?
- Was sind aus Ihrer Sicht unsere Stärken/Schwächen?
- Was müssen wir unbedingt verbessern, um Ihre Wünsche zu erfüllen?

Und an sich selbst und die eigene Mannschaft:

- Was sind unsere Erwartungen und Bedenken?
- Was sind unsere Stärken/Schwächen?
- Wie können wir Verbesserungen in der gesamten Prozeßkette erreichen?
- Wo können wir künftig Kostensenkungspotentiale erschließen?
- Womit können wir künftig den Kundennutzen erhöhen?
- Worauf müssen wir uns konzentrieren?
- Wenn wir ganz neu starten könnten – wie würden wir es machen?

Bevor Sie auf Grundlage der Antworten – sowie natürlich auf Basis einer gründlichen Analyse – Ihre Ziele festlegen, sollten Sie sich gemeinsam vergewissern:

- Was wollen wir in jedem Fall ändern/verbessern?
- Was wollen/müssen wir in jedem Fall beibehalten?
- Wollen wir wirklich eine grundlegende Neuausrichtung?
- Unter welchen Bedingungen ist jeder bereit, voll und ganz mitzumachen?

## 2. *Auf guten Beispielen bauen, den Lernaustausch organisieren*

Behalten Sie Ihre fragende Grundhaltung bei, und erweitern Sie Ihren Untersuchungsradius. Fragen Sie:

- Wie machen es die anderen?

– Von wem kann ich was lernen?
– Wie kann ich das Gelernte auf unsere Situation übersetzen?

Man nennt dies heute auch ›Benchmarking‹. Benchmarking heißt, die Prozesse, Produkte und Verfahren des eigenen Unternehmens stets mit denen abzugleichen, die andere, insbesondere die härtesten Konkurrenten, zu bieten haben. Es gibt dazu systematische und detaillierte Anweisungen. Das Prinzip jedoch ist denkbar einfach. Die besten Praxisbeispiele aus anderen Unternehmen werden untersucht, um mit den eigenen Verfahren und Vorgehensweisen verglichen zu werden. Die Untersuchungsergebnisse werden im eigenen Unternehmen vorgestellt.

Natürlich beruht dieses Verfahren auf dem Prinzip der Gegenseitigkeit: Auch Sie stellen sich zur Verfügung, um Ihren Benchmarking-Partnern die eigenen Erfahrungen sowie die Ergebnisse Ihrer Untersuchung zu schildern und ihnen Rede und Antwort zu stehen. Wenn Sie dieses Verfahren systematisieren, initiieren Sie einen ständigen Lernaustausch, der allen Beteiligten weiterhilft.

Ebenso wichtig wie die Frage, was andere – heute – machen, ist die Frage, was Sie in Zukunft bei veränderten Marktbedingungen machen könnten, um Ihren Wettbewerbern vorauszusein. Erweitern Sie daher den Radius Ihres Lernaustausches. Nutzen Sie dazu professionelle Instrumente wie Szenarien-Techniken oder Computersimulationen. Sie helfen Ihnen, sich mit der dynamischen, instabilen Entwicklung Ihres Unternehmens und seiner Märkte vertraut zu machen.

### *3. Eine gemeinsame Vision entwickeln*

Erst wenn wir uns etwas wirklich intensiv vorstellen, entsteht der Wille zum Handeln. Das ist in der Arbeitswelt ebenso wie im privaten Bereich. Ihr Erneuerungsvorhaben lebt von einer einleuchtenden Vision, d. h., von anschaulichen Vorstellungen, wie die Zukunft Ihres Unternehmens und Ihrer Mitarbeiter aussehen könnte. Visionen sind kreative Bilder einer zukünftigen Wirklichkeit. Das heißt, wir kreieren oder konstruieren die Wirklichkeit als und im Prozeß.

Visionen haben nicht nur ein kognitives, sondern auch ein affektives Moment. Sie vermögen Energie zu erzeugen. Deshalb sollten Sie bei der Entwicklung und bei der Diskussion von Visionen mit einem negativen Szenario beginnen. Malen Sie sich aus, was eintreten könnte, wenn Turbulenzen auf den Märkten zunehmen, Ihre Produktivitätsentwicklung stagnieren und Ihre Organisation unverändert bleiben würde.

Spielen Sie gemeinsam die Negative durch, das heißt, gehen Sie das Tal des Leidens bis zum bitteren Ende. Erst im zweiten Schritt entwerfen Sie die positive Vision: Was wäre, wenn wir uns radikal neu ausrichten würden? Besteigen Sie gemeinsam den Gipfel Ihrer Möglichkeiten (und Ihrer Begeisterung). Stellen Sie die Frage: Was hindert uns daran, es so zu machen? Sie werden sehen, daß es dann sehr viel einfacher ist, die entsprechenden Maßnahmen der Umsetzung gemeinsam zu entwerfen.

Das Wort Vorstellungen deutet darauf hin: Kreativität und Phantasie sind ebenso gefordert wie Gestaltungsfähigkeit. Es geht also nicht nur um eine Extrapolation heutiger Zahlenwerke, sondern es geht ebenso um kreative Entwürfe, um neue Arbeitsformen, neue Kundenbeziehungen, neue Produkt- und Dienstleistungsangebote. Wichtiger als die Formulierung einer Vision ist der Prozeß, in dem sie diskutiert, reflektiert und umgesetzt wird. Der Kommunikationsprozeß im Unternehmen, der den Anschluß der Vision an das operative Tagesgeschäft ermöglicht, ist das Entscheidende.

## *4. Die Ziele hoch stecken, ihnen höchste Priorität geben und oben anfangen*

Dieses Gebot umfaßt drei verschiedene Aspekte des ›Ganz-oben-Prinzips‹ auf drei unterschiedlichen Skalen:

*Zielskala*: Die Erfahrung lehrt, daß zu niedrig angesetzte Ziele keine nachhaltigen Handlungsimpulse auslösen bzw. oft in der Alltagsroutine steckenbleiben. Verbesserungsziele von 30–50 Prozent oder mehr Zeitersparnis oder Produktivitätssteigerung sind realisierbar. Sie sind ein Ansporn und eine unübersehbare

Orientierungsmarke. Nur von dieser Marke ausgehend, machen die außergewöhnlichen Maßnahmen zur Zielerreichung Sinn, die Sie in jedem Fall brauchen, um den Erneuerungsprozeß konsequent zu betreiben. Und nur mit solchen Orientierungsmarken ist es zu rechtfertigen, daß Sie Ihrem Erneuerungsprozeß höchste Priorität geben.

*Prioritätsskala*: Wenn Sie wollen, daß das Erneuerungswerk nicht eines unter vielen bleibt und nach einer Anfangseuphorie wieder vom operativen Tagesgeschäft verdrängt wird, müssen Sie ihm die Priorität Nr. 1 geben, und das heißt auch: wichtigster Tagesordnungspunkt auch bei allen Routinebesprechungen.

*Hierarchieskala*: Top-Priorität bedeutet Top-Verantwortung. Der Erneuerungsprozeß muß von ganz oben in der Hierarchie gewollt, gefördert und gelebt werden. Nur dann wird Ihre Ankündigung glaubwürdig. Nur dann entsteht auch die Bereitschaft im mittleren Management, selbst initiativ zu werden. Der Vorstand bzw. die Geschäftsführung muß bei sich selbst anfangen.

## 5. Menschen gewinnen und ihnen Vertrauen schenken

Zu oft werden Projekte der Umstrukturierung und Pläne der Reorganisation nur als geschlossene Veranstaltung des Vorstands oder der zentralen Leitung erarbeitet. Mit dieser Herangehensweise schließen Sie diejenigen aus, auf die es ankommt, die den Prozeß tragen.

Das Gebot heißt: Öffnen Sie die Türen. Wörtlich und im übertragenen Sinn. Menschen gewinnen heißt: sich selbst öffnen und offen sein für das Denken und die Ängste Ihrer Mitarbeiter. Und vor allem: Ihren Mitarbeitern etwas geben, bevor Sie etwas zurückbekommen, nämlich einen Vertrauensvorschuß. Nur mit dieser Haltung gewinnen Sie die Mitarbeiter für den und in dem Prozeß. Denn Vertrauensbildung ist ein Prozeß. Damit ist vor allem gemeint: völlige Transparenz der Informationen, vollständige Einbeziehung in den gemeinsamen Prozeß, uneingeschränkte Bereitschaft, Verantwortung zu übergeben. Die entscheidende Rolle spielt dabei die Kommunikation: Kommunikation ist nicht Verpackung, sondern Inhalt. Sie gehört von Anfang an zu den wichtigsten Gestaltungsaufgaben im Erneuerungsprozeß.

### *6. Prozeßteams mit Gestaltungskompetenz ausstatten*

Suchen Sie sich die besten Mitarbeiter aus, die zunächst auf zentraler Ebene die Verantwortung für die Neugestaltung übertragen bekommen. Das heißt: für eine gründliche Analyse der Ist-Situation ebenso wie für das Design der zukünftigen Prozesse und für die Neuausrichtung der strategischen Ziele.

Die Teams (bzw. das zentale Team) sollten in ihrer Arbeit von Anfang an integriert vorgehen, d. h. also Strategie und Struktur, Verhalten und Kultur als zusammenhängende Aspekte berücksichtigen. Sie sollten funktions- und hierarchieübergreifend zusammengesetzt sein. In jedem Fall unter Einbeziehung von strategischen Planern, TQM-Sprechern, Personal- und Organisationsentwicklern, Unternehmenskommunikatoren. Achten Sie darauf, daß eine fruchtbare Mischung aus erfahrenen Fachleuten einerseits und aus unbequemen Querdenkern andererseits im Team vorhanden ist.

Die Teams müssen möglichst weitgehend von der Tagesarbeit freigestellt werden. Ihnen muß die volle Kompetenz zur Gestaltung des Prozesses übertragen werden. Sie müssen jederzeit die Möglichkeit haben, ihre Arbeitsergebnisse in den Vorstandsbesprechungen bzw. Routine-Meetings vorzustellen. Prozeß-Teamarbeit geht vor. Geben Sie den Teams hundertprozentige Vollmacht. Das heißt: Zeit- und Budgetvollmacht – auch um sich die nötige Beratungsunterstützung von innen oder außen zu holen. Sorgen Sie dafür, daß die Arbeit der Prozeßteams Vorbildcharakter bekommt

- für abteilungs-, funktions- und hierarchieübergreifende Innovationsteams, zusammengesetzt z. B. aus Entwicklern und Marketingleuten,
- für prozeßorientierte Organisationsformen im gesamten Unternehmen.

## 7. »Ein« integriertes Programm der Erneuerung erarbeiten, nicht mehrere

Überprüfen und reduzieren Sie die Projektvielfalt. Nichts wirkt sich lähmender aus auf den Willen der Erneuerung als eine Verzettelung: hier ein TQM-Projekt, dort ein TBM-Projekt; hier ein Ansatz zur Prozeßoptimierung, dort eine KVP-Initiative.

Konzentrieren Sie Ihre Kräfte. Und das heißt: Integrieren Sie die Projekte zu einem unternehmensübergreifenden Programm. Denn hinter den Begriffen der Managementsysteme und -instrumente verbergen sich bei genauerem Hinsehen zumeist ähnliche Inhalte: Kunden- und Prozeßorientierung, Steigerung der Produktivität, Verringerung der Zeit, Erhöhung der Flexibilität und Innovationsfähigkeit, Teamorientierung etc.

Gestalten Sie ein integriertes Programm, das die Neuausrichtung von Strategie und Struktur ebenso umfaßt wie die Neuorientierung von Verhalten und Kultur. Natürlich ist es legitim, daß Consulting-Unternehmen spezialisierte Beratungsprojekte und Dienstleistungen anbieten, und es ist notwendig, auf eine Vielzahl von Instrumenten für spezialisierte Aufgabenbereiche zurückgreifen zu können. Aber es ist Ihre Aufgabe als Führungskraft, die Instrumente aufeinander abzustimmen und sie zusammen zum Klingen zu bringen.

Regen Sie an, daß strategische Planer und Unternehmensentwickler sowie Personalentwickler und CI- bzw. Kommunikationsspezialisten zusammenkommen, um den Erneuerungsprozeß im Sinne einer »Customer-driven Identity« gemeinsam mitzugestalten. Die Zusammenführung der Optimierungsansätze zu einem integrierten Prozeß und Programm bündelt die Erneuerungsenergien.

## 8. Leitvorstellungen prägen, das Programm als Dialogprozeß gestalten

Arbeiten Sie an und mit der Sprache: Die Sprache koordiniert und vermittelt den gesamten Erneuerungspozeß und speziell die Neuorientierung des Verhaltens. Prägen Sie eindeutige Begriffe, und formulieren Sie einleuchtende Leitvorstellungen für den Erneuerungsprozeß. Fassen Sie die zentralen Begriffe und Ihre Leitvorstellungen in kurzen und einprägsamen Grund- oder Leitsätzen der Erneuerung zusammen.

Solche Grund- oder Leitsätze sind Verständnis- und Orientierungshilfen für alle Mitarbeiter. Sie sichern das notwendige Maß der Vereinheitlichung in dem Prozeß zunehmender Dezentralisierung. Achten Sie darauf,

- daß die Leitsätze die Eigenständigkeit und Einmaligkeit Ihrer Kompetenzen und Werte herausstellen,
- daß die Leitsätze anschlußfähig sind, d. h. Anschlüsse ermöglichen zum operativen Tagesgeschäft.

Sorgen Sie dafür, daß diese Leitsätze gemeinsam erarbeitet werden und daß gemeinsam mit ihnen prozessual gearbeitet wird. Der Prozeß ständiger Optimierung im Dialog, das Fragen und Zuhören, die Einbeziehung und gegenseitige Abstimmung, die permanente Rückkoppelung von Information sind das A und O des Gelingens. Die dialogische Kommunikation ist das Nervensystem des Erneuerungsprozesses. Die Dialogform entspricht der Prozeßform.

## *9. Ein abgestimmtes Prozeßdesign entwerfen, Mehrschichtigkeit der Prozesse beachten*

Der Weg ist das Ziel: Das integrierte Programm der Erneuerung steht und fällt mit der Arbeit am Prozeßdesign, d. h. der Gestaltung der Umsetzungsprozesse. Beachten Sie dabei die mehrschichtige Gestalt der sich überlagernden Prozeßformen:

- Das Design der Prozeßorganisation selbst entlang der Wertschöpfungskette mit einer bestimmten Drehrichtung vom Kunden nach innen.
- Das Design der prozeßunterstützenden Informationstechnologien.
- Das Design des Veränderungsprozesses auf dem Weg zur

Prozeßorganisation. Der Veränderungsprozeß »taktet« gleichsam die Einführung der Prozeßorganisation.
- Und eingewebt in den Veränderungsprozeß: die Gestaltung des Kommunikationsprozesses.

Denken Sie nicht nur an das Design, sondern auch an die Dramaturgie: bei der Gestaltung von Beziehungen im Unternehmen, in der Auswahl von Personen und in der Bestimmung ihrer Rollen. Je besser diese Dramaturgie und je klarer und einfacher ihre Darstellung für alle entwickelt wird – z. B. durch einen Leitfaden sowie in Form von Präsentations- und Visualisierungshilfen –, um so reibungsloser und effizienter wird die Umsetzung gelingen.

### *10. Ein »Re-Cascading« der Erneuerung und des Lernens organisieren*

Sie leben den Erneuerungsprozeß vor: Gerade weil ein Ziel der Erneuerung die Dezentralisierung der Verantwortung und ein Management von unten ist, braucht der Prozeß zunächst eine Bahnung von oben. Vorstand oder Geschäftsführung beginnen bei sich selbst mit der Erarbeitung der Programminhalte, mit Workshops und Trainingseinheiten.

Koordiniert durch das zentrale Prozeßteam und unterstützt durch Trainer und Moderatoren, werden die Informationen und Lerninhalte von den Führungskräften der nächsten Hierarchiestufen auf allen Ebenen weitergegeben und vermittelt. Nach der Devise »alle erreichen, jeden gewinnen« läuft dieser Prozeß kaskadenförmig durch das ganze Unternehmen.

Im Unterschied zur traditionellen Kaskadengestalt geht es beim Re-Cascading um eine andere Prozeßform:

- Sie sorgen für einen Rückfluß der Informationen nach oben.
- Sie geben Freiraum für Veränderungen der Informationen, d. h. für eine Optimierung der bislang erarbeiteten Inhalte.
- Sie gestalten so einen geschlossenen Kreislauf.

Wichtig ist: Gewinnen Sie vor allem im mittleren Management Multiplikatoren, und binden Sie diese als Beauftragte in den Prozeß ein. Je konsequenter sie am Anfang diesen Prozeß durchlaufen, um so größer wird die Chance, daß der Optimierungsprozeß zu einem Selbstläufer wird, d. h. zu einem sich selbst steuernden Prozeß ständiger Verbesserungen im ganzen Unternehmen.

## 11. Eigenverantwortung und Selbststeuerung ermöglichen

Hauptziel des Erneuerungsprojektes ist die Selbststeuerung der Prozesse durch die Mitarbeiter. Sie erfordert die konsequente Delegation von Aufgabenbereichen. Aber Vorsicht: Es geht um Delegieren, nicht um Wegdelegieren. Derjenige, der die Aufgaben übergibt, trägt Verantwortung dafür, wie er sie übergibt: Als Coach und Partner des anderen, der Hilfestellung geben kann und sich nicht scheut, auch mit anzupacken, ohne kontrollieren zu wollen.

Unter dieser Voraussetzung fällt es leicht, Mitarbeiter zu finden, die Verantwortung für ihren eigenen Prozeß übernehmen und dafür Teams zusammenzustellen. Die dezentralen Kollegen im Team beginnen ihre Arbeit mit einer sorgfältigen dreifachen Analyse der Abläufe: der technischen Analyse, der sozialen Analyse und der Analyse der System-Umfeld-Beziehungen. Sie gestalten auf dieser Basis ihre eigene kunden- und prozeßorientierte Organisation und definieren selbst ihre Verbesserungsziele.

## 12. Erfolge messen und sich messen lassen

Bedenken Sie, daß die Anfangsenergie eines Erneuerungsprozesses schnell verbraucht ist. Führen Sie deshalb möglichst rasch neue Energie zu. Die wichtigste Energiequelle ist der Erfolg. Erfolge wirken motivierend. Erfolge zeigen, daß der Einsatz Sinn macht. Wer bald – und das heißt erfahrungsgemäß: spätestens nach einem halben Jahr – Zwischenerfolge melden kann, wird auch die nächsten Etappen meistern.

Dies setzt allerdings voraus, daß Sie Meßgrößen, Maßstäbe und Bewertungskriterien entwickelt haben: Zeit, Kosten, Qualität,

Innovation und Service. Und dies wiederum bedingt, daß geeignete, möglichst einfache Meßmethoden eingesetzt werden. Methoden, die zugleich qualitative Beurteilungsmöglichkeiten eröffnen: Denken Sie an das Benchmarking sowie an andere Formen der Befragungen. Befragungen – insbesondere der internen und externen Kunden – ermöglichen eine Prozeßbeobachtung, eine Kontrolle und Beurteilung sowohl aus der Innensicht als auch aus der Außensicht. Die Antworten verschaffen Ihnen Klarheit, wo Sie stehen, was Sie erreicht haben und woran Sie vor allem arbeiten müssen.

Messen und sich messen lassen heißt deshalb fragen und sich in Frage stellen. Damit sind wir wieder an den Anfang des Erneuerungsprozesses gelangt, der nur zu verstehen ist als eine im Prinzip endlose Schleife ständiger Verbesserungen.

## 2. Ausblick: Perspektiven künftiger System-Umfeld-Beziehungen

»Act always so as to increase the number of options.«

*Heinz v. Foerster*

Das eigene Denken und Verhalten in Frage stellen und neu orientieren – diese Forderung stand am Eingang und steht am Ausgang dieser Arbeit. Wir haben bislang das Hauptaugenmerk auf die marktrelevanten, unternehmensinternen Abläufe und Prozesse gelegt. Die *Kunst der Erneuerung* wurde ausgerichtet auf die unmittelbaren Unternehmensziele wie Erhöhung der Produktivität, Steigerung der Geschwindigkeit und Flexibilität und Sicherung der Ertragskraft. Dabei wurden einige für die Lebensfähigkeit des Unternehmens entscheidende Aspekte ausgeklammert. Aspekte, die bislang erst zum Teil als betriebswirtschaftlich relevante Faktoren veranschlagt werden. Die Rede ist von den Umfeldbeziehungen des Systems Unternehmen. Darunter verstehen wir vor allem zwei Beziehungsdimensionen:

1. Die Umweltbeziehungen im unmittelbaren Wortsinn. Also das, was man auch als ökologisches Handeln definieren kann.
2. Die Beziehungen des Unternehmens zu seinen sozialen Umwelten, die man auch als Mitweltbeziehungen bezeichnen kann.

Ich behaupte, die zukünftige Gestaltung dieser beiden Beziehungsfelder wird für alle Unternehmen zu einer der größten Herausforderungen der kommenden Jahrzehnte. Der gegenwärtig stattfindende Strukturwandel der Wirtschaft muß einhergehen mit einem Kultur- und Wertewandel in den Interaktionsbeziehungen der Dienstleistungsgesellschaft.

Und ich behaupte zweitens, daß die Muster zur Gestaltung der Umweltbeziehungen aus den internen Erneuerungsprozessen selbst abgeleitet werden können. Wer mit kreislaufförmigen Prozessen vertraut ist, wer in übergreifenden Team- und Kooperationsbeziehungen denkt und handelt, bringt die besten Voraussetzungen mit für eine kreative Neugestaltung der Beziehungen zur Umwelt und zur Mitwelt.

Natürlich sprechen wir nur von Voraussetzungen. Notwendig sind darüber hinaus der Wille und die Bereitschaft zum Handeln. Es gilt gleichsam, einen weiter nach außen verlagerten »Ring der Erneuerung« zu gestalten. Integriert in die Unternehmensvision, eingespielt in die Neugestaltungsprozesse von Strategie und Struktur, Verhalten und Kultur.

Auf ökologischem Gebiet ist das Thema bekannt und weitgehend erkannt. Es gilt, nicht nur ökologisch orientierte Produkte und Verpackungen zu entwickeln, sondern einen weitgehend geschlossenen ökologischen Kreislauf zu gestalten. Durch einen technisch innovativen, effizienteren Stoff- und Energieeinsatz läßt sich nicht nur die Umweltbelastung verringern, sondern es lassen sich auch erhebliche Einsparpotentiale realisieren. Wir stehen ganz sicher vor der Notwendigkeit einer »Effizienz-Revolution« in der Energienutzung, die nicht zuletzt durch eine voraussichtlich kommende ökologische Steuerreform beschleunigt werden dürfte. Daß diese Reform mit einer Entlastung des Faktors Arbeit einhergehen soll, macht sie für die Unternehmen ökonomisch attraktiver. Zugleich wird damit der untrennbare Zusammenhang aufgezeigt zwischen der ökologischen und der sozialen Erneuerungsaufgabe.

Ebenso wichtig im erweiterten Erneuerungsprozeß ist die Gestaltung der sozialen System-Umwelt-Beziehungen bzw. der »Mitwelt«-Beziehungen des Unternehmens. Dabei sind nicht kurzfristige Goodwill-Aktionen oder Ad-hoc-Maßnahmen zur Imagekorrektur gemeint. Es geht vielmehr um eine langfristige Neuausrichtung des Unternehmens und seiner Mitarbeiter auf ein zusätzliches Interaktionsfeld. Ein Feld, das nicht unmittelbar Erträge abwirft, aber mittelbar die Ertragsfähigkeit sichert. Ich bezeichne das Ziel dieser Neuausrichtung als die Vision sozialer Kooperationen.

Im Unterschied zur ökologischen Fragestellung scheint dieses Thema in seiner Tragweite und Dringlichkeit erst allmählich in das Bewußtsein von Führungskräften zu dringen. Die Managementdiskussion ist davon noch weitgehend unberührt geblieben. Aber der Sprengstoff, der sich hier ansammelt, wird von Jahr zu Jahr explosiver. Die zunehmende Freisetzung von Arbeitskräften infolge des Strukturwandels der Unternehmen einerseits und die weiteren Immigrationsbewegungen in die europäischen Kernländer andererseits ergeben ein ungeheures soziales Konfliktpotential.

Negative Szenario-Annahmen (u.a. einer UN-Prognose des Europäischen Zentrums für Wohlfahrtspolitik und Sozialforschung in Wien) zeichnen folgendes Bild: In knapp zwei Generationen haben nur noch 25 Prozent der Bürger eine stabile, qualifizierte Arbeit, 25 Prozent sind in unsicheren, zumeist weniger qualifizierten Jobs beschäftigt, 50 Prozent finden entweder nur Aushilfstätigkeiten oder sind permanent arbeitslos.

Sollte dieses Szenario auch nur halbwegs Wirklichkeit werden, droht ein Auseinanderbrechen der Gesellschaft mit unabsehbaren Folgen für die Wirtschaft. Die herkömmlichen Instrumente zur Regelung von Arbeit und Arbeitslosigkeit werden diesen Riß immer weniger kitten können, die traditionellen Methoden der sozialen Steuerung und Integration werden immer weniger greifen. Lösungsversuche nach dem Prinzip ›Mehr desselben‹ – zum Beispiel ›Mehr Staat‹ oder ›Mehr Markt‹ – bieten keinen wirklichen Ausweg mehr.

Die Vision sozialer Kooperation zielt auf ein neues kreatives Konzept des sozialen Handelns im freiwilligen Zusammenspiel. Unternehmen spielen nicht nur ihr eigenes Spiel, sondern noch ein zusätzliches in ihrem Umfeld: Sie übernehmen soziale Verantwortung gemeinsam mit kommunalen Institutionen, mit gemeinnützigen Organisationen und vor allem mit selbstorganisierten Initiativen bislang benachteiligter gesellschaftlicher Gruppen.

Soziale Kooperationsprojekte führen über den traditionellen Sponsoring-Gedanken hinaus. Nicht das bloße Überreichen von Schecks ist gefragt. Sondern es geht darum, vor allem die immateriellen Ressourcen des Unternehmens und seiner Mitarbeiter zu nutzen und einzusetzen. Von der Materialbeschaffung über die DV- und Buchhaltungsunterstützung bis hin zur Ausbildungs- und Berufsberatung.

Soziale Kooperation heißt: neue – nicht-monetarisierte – Formen kreativer und sinnschaffender Arbeit zu entwickeln und als Dienstleistungen den Kooperationspartnern zur Verfügung zu stellen. Damit diese Hilfestellung erhalten, um selbst Arbeitsplätze zu schaffen und eigene Dienstleistungen auf dem Markt anbieten zu können.

Die Vision sozialer Kooperation ist untrennbar verbunden mit einem Neudurchdenken herkömmlicher Arbeits- und Zeitformen. Wenn die Systemgrenze zwischen Wirtschaft und öffentlicher Hand poröser gestaltet werden soll, müssen gleichzeitig die starren Grenzen von Arbeit und Freizeit durchlässiger werden. Wir brauchen zwischen Arbeitszeit und Freizeit eine dritte Zeitform. Ich nenne sie die Sinnzeit. Die Sinnzeit umfaßt Aktivitäten, die partiell dem Geldkreislauf entzogen sind und gleichwohl den ökonomischen Sinnzusammenhang zu sichern vermögen. Dazu gehören ökologische und soziale Dienste ebenso wie Aus- und Weiterbildungsaktivitäten.

Ökologische Kreisläufe mit einer Bilanzierung von Stoff- und Energieströmen formen, soziale Kooperationen mit der Nutzung kreativer Ressourcen des Unternehmens gestalten, das sind die Hauptaufgaben des erweiterten Erneuerungsprozesses. Beide Aufgaben entsprechen einer modernen impliziten Ethik des Handelns. Ein Handeln, das sich eingebunden weiß in in sich rückkoppelnde kreislaufförmige Prozesse und Austauschbeziehungen mit den Umwelten. Heinz von Foerster prägte hierfür den Begriff »Kybern-Ethik«. Sie passen zu einer Philosophie des Win-win-Spiels, die in immer mehr Unternehmen bei der Entwicklung von Zukunftsstrategien reflektiert wird.

Wer sich diesen Aufgaben stellt, handelt innovativ und klug, sichert die Existenzgrundlagen des Unternehmens auf lange Sicht. Dies zu erkennen heißt, mit der Entwicklung entsprechender Konzepte und mit deren Umsetzung heute zu beginnen. Anknüpfungsmöglichkeiten nicht nur auf dem ökologischen Feld, sondern auch auf dem sozialen Gebiet gibt es genug.

Die integrative Neugestaltung des Unternehmens unter bewußter Beachtung und unter Einschluß seiner Umweltbeziehungen könnte einen kleinen Beitrag leisten zum globalen Zukunftsprojekt der Wirtschaft, das mit dem Begriff »sustainable development« gefaßt wird. Die Balance zu halten zwischen der Schnelligkeit und der Nachhaltigkeit in der Unternehmensentwicklung wäre das schwierigste und lohnenswerteste Ziel einer Kunst der Erneuerung.

# *Literaturhinweise*

Bateson, Gregory, *Geist und Natur*, Frankfurt a. M. 1987
Berth, Rolf, *Aufbruch zur Überlegenheit*, Düsseldorf 1994
Bleicher, Knut, *Das Konzept Integriertes Management*, Frankfurt a. M./New York 1992
Birkenbihl, Vera F., *Kommunikationstraining*, Landsberg 1989
Bolz, Norbert, *Die Welt als Chaos und Simulation*, München 1992
Bullinger, Hans-Jörg, *Business Reengineering*, Protokoll 1. IAO-Forum, Fraunhofer-Institut für Arbeitswirtschaft und Organisation, Stuttgart 1994
Bösenberg, Dirk/Metzen, Heinz, *Lean-Management*, Landsberg/Lech 1992
Calvino, Italo, *Sechs Vorschläge für das nächste Jahrtausend*, München 1991
Davis, Stan/Davidson, Bill, *2020 Vision*, London 1991
Dörner, Dietrich, *Die Logik des Mißlingens*, Reinbeck 1989
Doppler, Klaus/Lauterburg, Christoph, *Change Management*, Frankfurt a.M./New York 1994
Drucker, Peter F., *Die postkapitalistische Gesellschaft*, Düsseldorf 1993
Foerster, Heinz von, *KypernEthik, Berlin* 1993
Gomez Peter/Rüegg-Stürm, Johannes, *From Reality to Vision – from Vision to Reality*, in: International Business Review, 3 - 1994
Gouillart, Francis.J./Norton, David, *Re-engenineering and Transformation*, in: Transformation, the international publication of Gemini Consulting, Issue 4 - 1994

Grimm, Ulrich, *Evolutorische Unternehmensführung*, Positionspapier, European Business School 1993
Guntern, Gottlieb (Hrsg), *Der kreative Weg*, Zürich 1991
Handy, Charles, *The empty raincoat*, London 1994
Hamel, Gary/Prahalad, C.K., *Competing for the future*, Boston 1994
Hammer, Michael/Champy, James, *Business Reengineering*, Frankfurt a.M./New York 1994
Hofstadter, Douglas R., *Gödel, Escher, Bach*, Stuttgart 1985
Imai, Masaaki, *Kaizen*, München 1993
Kotter, John P., *Erfolgsfaktor Führung*, Frankfurt a.M./New York 1989
Krohn, Wolfgang/Küppers, Günter, *Emergenz: Die Entstehung von Ordnung, Organisation und Bedeutung*, Frankfurt am Main 1992
Laszlo, Ervin, *Evolutionäres Management*, Fulda 1993
Luhmann, Niklas, *Die Wissenschaft der Gesellschaft*, Frankfurt am Main 1990
Lay, Rupert, *Über die Kultur des Unternehmens*, Düsseldorf/Wien/New York 1992
Leitschuh-Fecht, Heike/Burmeister, Klaus (Hrsg.), *Die Zukunft der Unternehmen in einer ökologischen Wirtschaft*, Frankfurt a.M. 1994
Malik, Fredmund, *Management-Perspektiven*, Bern 1994
Maturana, Humberto/Varela, Francisco, *Der Baum der Erkenntnis*, München 1987
Macher, Friedrich, *Beziehungsqualität und Partnerschaft im vitalen Unternehmen*, Wien 1994
Marquard, Odo, *Abschied vom Prinzipiellen*, Stuttgart 1981
Mutius, Bernhard von/Grossklaus, Peter E., *Aufschwung durch Kommunikation*, Landsberg/Lech 1993
Mutius, Bernhard von/Reither, Franz, *TOP 500-Studie* (Lean Management-Studie), Oberursel 1993
Nanus, Burt, *Visionäre Führung*, Frankfurt a.M./New York 1994
Oetinger, Bolko von/Simon, Hermann et. al., *Betr., Kundenorientierung*, Mainz 1994
Peters, Tom, *Jenseits der Hierarchien*, Düsseldorf 1993

Pree, Max de, *Die Kunst des Führens*, Frankfurt a.M./New York 1990
Pümpin, Cuno/Prange, Jürgen, *Management der Unternehmensentwicklung*, Frankfurt a.M./New York 1991
Sattelberger, Thomas, *Die lernende Organisation*, Wiesbaden 1994
Scott-Morgan, Peter, *Die heimlichen Spielregeln*, Frankfurt 1994
Servatius, Hans-Gerd, *Reengineering-Programme umsetzen*, Stuttgart 1994
Singer, Wolf (et al.), *Gehirn und Bewußtsein*, Heidelberg 1994
Sprenger, Reinhard K., *Mythos Motivation*, Frankfurt a.M./New York 1993
Steger, Ulrich, *Future Management*, Frankfurt/M 1992
Valéry, Paul, *Cahiers/Hefte*, Frankfurt/M. 1993
Warnecke, Hans-Jürgen, *Die Fraktale Fabrik*, Berlin/Heidelberg 1992
Watson, Gregory H., *Benchmarking*, Landsberg/Lech 1993
Watzlawick, Paul, *Lösungen*, Bern/Göttingen 1992
Wever, Ulrich A., *Unternehmenskultur in der Praxis*, Frankfurt a.M./New York 1992
Weyh, Helmut/Krause, Patrick, *Kreativität*, Düsseldorf/Wien/New York 1991
Whiteley, Richard C., *Ihr Kunde ist der Boss*, Freiburg 1992
Wildemann, Horst(Hrsg.), *Zeitmanagement*, Frankfurt/M. 1992
Wildemann, Horst, *Visualisierung u. Auditierung von Geschäftsprozessen* (Leitfaden), TU München
Womack, James P./Jones, Daniel T./Roos, Daniel, *Die zweite Revolution in der Autoindustrie*, Frankfurt a.M./New York 1992

# Danksagung

Für die Anregungen, die ich aus unseren Gesprächen gewinnen durfte:

| | |
|---|---|
| Peter Abt | IBM Deutschland GmbH, Stuttgart |
| Egbert Appel | HILTI AG, FL-Schaan |
| Michael Bellinger | VOKO Franz Vogt & Co. KG, Pohlheim |
| Hans-Michael Besig | Hypo-Bank AG, München |
| Peter Büth | Boge GmbH, Simmern |
| Dr. Hansjörg Elshorst | GTZ GmbH, Eschborn |
| Dr. Dirk Eybl | Herberts GmbH, Wuppertal |
| Helmut Fahlbusch | Schott Glaswerke, Mainz |
| Hans-Peter Fischer | Mercedes-Benz AG, Stuttgart |
| Wolfgang Fritz | Junghans Uhren GmbH, Schramberg |
| Dr. Arun Gairola | Asea Brown Boveri AG, Mannh. |
| Norbert Heinen | Gerling-Konzern AG, Köln |
| Dietmar Hemmie | Opel-Eisenach GmbH, Eisenach |
| Wolfgang Kempf | Kässbohrer Fahrzeugwerke GmbH, Ulm |
| Klaus Kobjoll | Landhotel Schindlerhof, Nürnberg |
| Klaus-Dieter Laidig | Hewlett Packard GmbH, Böblingen |
| Dr. Alexander Leschinsky | TUI GmbH & Co. KG, Hannover |

| | |
|---|---|
| Werner Münstermann | Hypo-Bank AG, München |
| Alexander Sattler | Bosch-Siemens Hausgeräte GmbH, München |
| Dr. Peter Schnur | Herberts GmbH, Wuppertal |
| Gerd Schubert | Bosch-Siemens Hausgeräte GmbH, München |
| Johann Tikart | Mettler-Toledo GmbH, Albstadt |
| Dr. Giuseppe Vita | Schering AG, Berlin |
| Dr. Peter Zencke | SAP AG, Walldorf |

*Für die kritische Durchsicht des Manuskripts und für hilfreiche Verbesserungsvorschläge:* Michael Roschanski und Dr. Uwe Schulz

*Für das verständnisvolle und entgegenkommende Lektorat:* Regina Eisele

*Für die sorgfältige und engagierte Mitarbeit im Sekretariat:* Gudrun Walle und Ingrid Zink

*Für die freundliche Unterstützung bei der Entwicklung der Grafiken:* Manuel Wunder und Hans-Jörg Wujanz

*Für ihren Rat, ihre Geduld und die Ermunterung während der gesamten Arbeit:* Nele Gabler